ボクの霊体験日記

人間進化の記録
ヒトを襲う霊のリアルレポート

石上《いしがみ》　涼《りょう》　著

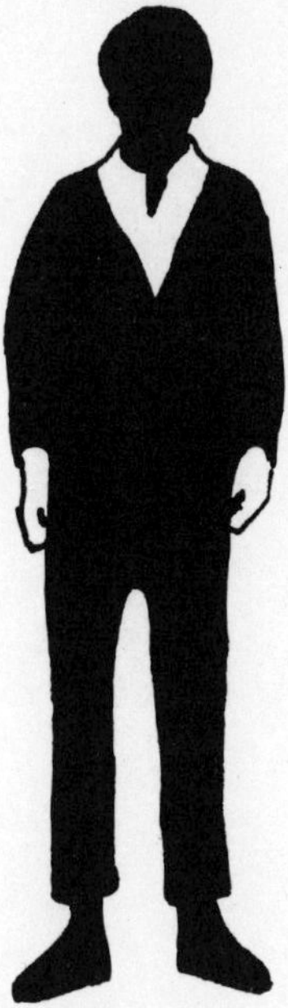

本書について

本書は、石上涼《いしがみりょう》さんの霊体験の日記です。

石上涼さんは、ごく普通の健全な良識ある社会人の青年です。けれども本書をお読みになると分かるように、これは驚くべき霊的な現象を日常的に体験した記録です。この体験は、幻覚や想像、まして病的な妄想ではありません。霊的な存在や事象を認めない方には、いかにも荒唐無稽に感じられるかもしれませんが、これは事実です。ただ、涼さんはいわゆる霊的に敏感な特殊体質「霊媒」タイプです。ですから普通私たちが感じない見えない世界の霊の存在や働きが、なまなましく感受されているのです。

本書は、涼さんが体験し暴き出した邪霊たち（邪悪な意識体は人霊だけでなく多種存在している）が事実存在しており、私たちに密着し一体化して働き、人間の精神を悪化し、地球と人類の破壊を画策していることを広く知ってもらうために発刊しました。邪霊たちはこの世の覚醒剤密売組織や「オレオレ詐欺」団より、遙かに巧妙です。彼らは私たち人間の心の中の弱点を知り抜いていて、うまく潜在意識に忍び込み侵入し働きかけるのですから。姿も見えず声も聞こえず、しかも地球上には存在しない高度な科学力を駆使しているのです。こういう現実を無視し、一切霊は認めないということは、あえて目かくしをして赤信号をわたるようなものではないでしょうか。このような目隠し状態の危険この上ない世の中に警鐘をならすために、涼さんの霊体験日記を敢えて公開させてもらうことにしたのです。

しかし実はもっと涼さんの日記には、重大な意義があると思うのです。それはこの一風変わった日記が、そのままひとりの人間のめざましい成長の記録になっていることです。わずか1年半足らずで、人間はこれほど進化するものなのでしょうか。驚異と感動を禁じ得ません。

涼さんは2008年5月にリラ自然音楽クラブ（桑原啓善のネオ・スピリチュアリズム理論に基づき、桑原が開発したリラ自然音楽による人間進化セラピーをおこなう会員制クラブ）の会員になりました。入会当初は、涼さんは心身の危機一歩手前の、まさに邪霊の餌食になりかかった状態でした（注、本文の18ページ参照）。ところがそれからわずか20か月足らずの2009年12月には、凶悪な邪霊をリラ自然音楽セラピーで浄化し、日常的には身のまわりの悪想念（邪気）をぐんぐん浄化する「浄化槽」ともいうべき存在にまで変貌しています。いわば「歩く供養塔」に近いところまで、急速な全人間的な浄化進化を遂げています。涼さんは、まだまだこの先進化し続けるでしょう。（事実2010年3月現在、涼さんは精神進化のレベルを示すリラヴォイス発声のレベルが「生命《いのち》の樹《き》のリラ」の段階にまで更にアップしています）。一般的に凄い霊能者と言われる人でも、1体の邪霊を浄化することは、並大抵のことではありません。涼さんのレポートをお読みになれば、いかにも素朴で飾らない記述の中に、彼がいかに純粋な地球と自然への愛に燃えているか、誠実な人間の生き方を淡々と日々実践努力しているか、お分かりになるでしょう。邪霊を浄化するのは霊能ではありません。苦しい邪霊との闘いの中から真実の愛に目覚めていくその心の軌跡は、暗い地上に降り立った小さな天使のように見えてきます。

しかしこういう健気に生きている人は涼さんだけではありません。リラ自然音楽セラピーを受けつつ、日常生活をコツコツと一生懸命愛と奉仕に生きる努力を続けている沢山のクラブ員の人々が、ほかにもいます。

人間は進化します。限りなく天使のような愛溢れる人にまで。まわりを浄化し地球をすくう人にまで、誰でもなれます、なれるのですから、ならねばなりません。

本書は、涼さんの日記のほかに、セラピストの記録「セラピー日記」(『リラ通信』第33号所収)が収録されています。涼さんのセラピーの状況を伝えるために挿入しました。また、必要最低限の(注)を編集者(セラピスト)が付けました。

2010年3月8日

編集者　記

目次　ボクの霊体験日記

プロローグ　2008年4月〜5月

・（偽）クンダリーニ危機からの脱出
・リラ自然音楽クラブ入会

パート1　2008年6月〜12月

・霊との遭遇
・恐怖、ミステリアスワールド
・リラ自然音楽セラピーで浄化、気付き、生き方の転換へ

パート2

2009年1月〜6月

・人間進化の始まり
・癒された人は癒す人〈邪気清掃員!?〉になる
・ヒトが放出する毒（悪想念）の実態、邪霊が注入する毒（邪気）の実態

パート3

2009年7月〜8月

・装置がとれた!!
・人間進化を阻止する装置の実在
・霊の実態に迫る体験と観察

パート4　2009年9月

・邪霊との闘いから見えてきた霊の世界
・邪気〈グニャグニャ〉についての一考察

パート5　2009年10月〜11月

・因果律「あなたは私」の気付き
・波長が合わなければ邪霊は手が出ない
・見える光の分類

パート6

2009年12月～2010年1月8日

・邪霊がセラピー場に引き出されるのは、最後の審判だ
・自己の使命への目覚め、浄化槽の役割

エピローグ

2008年6月～2009年12月

・邪霊の出現のまとめ、感想
・セラピーに引き出された邪霊は浄化された

本文中のイラスト　石上　凉

プロローグ　2008年4月〜5月

- (偽)クンダリーニ危機からの脱出
- リラ自然音楽クラブ入会

（注）クンダリーニというのは、本来は霊性進化により自然にチャクラが開花して、ある段階までくると火のようなエネルギーが根のチャクラから頭部へかけて上昇する現象をいいます。

しかしそういう自然な精神の発達によるものでなく、何らかの技法や機械によって無理矢理チャクラをこじあけることが今世界で横行しています。これは偽クンダリーニと言うべき、心身、特に幽体を損傷する恐ろしいことです。幽体を損傷するからこのままならば死後にまで、とり返しのつかないダメージを与えます。この偽クンダリーニを体験しかけた人の、これは貴重な体験記録です。ちなみにリラ自然音楽セラピーは幽体まで癒すセラピーです。

1 （リョウレポート）

2008年4月に(偽)クンダリーニに至った時のこと

——2009年8月13日 提出

幽体離脱に興味持つ

クンダリーニが起こった経緯と、その時の状況についてです。まずは、経緯についてです。（去年の）3月に免停を理由に前の会社を辞めました。免停がとけるまで次の仕事も探せないし、どこにも出かけられないので家でヒマでした。そこで、今まで興味があった精神世界関連の事を調べようと思いました。中でも偶発的な幽体離脱は、18歳位の時から平均して半年に1回位はあったので、それが一体何なのかすさまじく気になってました。

幽体離脱といったら○○○○研というのが頭にあったのでそれ関連の本を読みました。『○○体験』と『○○○○○体験』という本です。それらの中には、（ネオ・スピリチュアリズムを学んで）今思うとサタンが働いていると思われる証拠があるので別に記したいと思います。これらの本を読んで分かった事は以下です。

① 脳波が特殊状態になると幽体離脱状態になる。（故に○○○○研では脳波を操る機械を使い意図的に幽体離脱状態を起こす）。
② 幽体離脱世界では、ハイヤーセルフ、ガイドなる人達がいる。
③ ハイヤーセルフ、ガイドに連れられると、様々な経験が出来る（自分の前世を見る、未来を見る、地上でのまよってる魂の救済活動、等）

これらの本を読んだ感想は、単純に「面白そう、やってみたい」でした。

次に（ケイタイの）ネットで幽体離脱について調べてみました。そして、以下の事が分かりました。

① 自分以外にも、偶発的に幽体離脱状態になる人がたくさんいる。
② 幽体離脱の練習法のサイトがある。
③ 上記の①の人達は、②を見て意図的に幽体離脱し、（遊び感覚で）その体験を語り合ってる、です。これらについても別に詳しく記したいと思います。そして今思うと恐ろしいのですが、自分もこれをためしました。何が直接の原因か分かりませんが、その時の流れの状況のメモをそのまま記します。

4月10日（2008年）
（この時は確か本だけ読んで、ネットのやり方は知らない時です）
昼寝をしていたら金縛りに合い、その後体がグラグラとゆれだし、幽体離脱状態となる。

4月11日
同じく昼寝をしていたら金縛りから体がグラグラとゆれだし、幽体離脱状態となる。そして幽体離脱状態で何者かに体をひきずりまわされる。「ヤメロ」ともがいていると「今、戻すから」と言われる。

4月22日
自分の意志で幽体離脱出来る事をはじめてサイトで知る。

4月24日
試してみるが失敗する。

超能力開発セミナーに申し込むと異変始まる

4月25日
昼間、○○○○○○○○○アカデミー（○○○○の経営する脳波をあやつるセミナー）に申し込む。家に帰って夕方、幽体離脱をためしてみる。その時、右頬にレーザー光線を当てられている様な強力な何かを感じる。そして右頬の皮膚1枚下から媒体の様なものをギューッとひっぱられ、グルグルとまわされる。この日から部屋でラップ音が鳴る様になる。

4月26日
それがだんだんヒドくなってくる。右頬に触られる感覚。右頬をギューッとひっぱられグルグルとまわされる。顔から体全体にかけて、皮膚の下で何かがグニャグニャと動いてる感覚。両頬をひっぱられてる感覚。「なんだ？」と思い鏡で顔を見てみるが何も変化なし。

4月27日
幽体離脱をためしてみて失敗する。4月26日の状態が同じく起こっていたと思います。

4月28日
◎胸に圧迫感を感じる。ブヨブヨとしたものがグルグルと渦を巻いてる感じ。
◎顔に涼しさを感じる。
◎胃の辺りにドリルでグルグルと穴を空けられてる感じ。

◎顔に頭のてっぺんから虫が下りてきてる感じ。

◎両頬をギューッとひっぱられ、グルグルとまわされてる感じ。(右側が強い)

◎背中全体と内腿にジワジワ感を感じる。

◎脳が苦しい感じ。

(偽)クンダリーニ、幽体離脱起こり、超能力開発セミナーをキャンセルする

4月29日 朝

◎背中がすさまじく痛くなる。

◎背骨の下からエネルギーが上がってきて頭でスパークしてる感じ。

◎「さすがにこれはまずい」と思い、母親に言いました。すると、リラ自然音楽研究所の会員である母親はリラ研に電話してくれて、そのアドバイスでCD「大祓」をかけて、「シルバー・バーチの言葉」CDを繰り返し聴くというのを実行しました。「大祓」をかけた瞬間、背中からブワーッと何かが上がりました。

(同日) 夜

◎腰の辺りから背骨を通って脳天にすさまじいエネルギーがつきぬけている。熱くて強いすさまじいエネルギー。

◎顔の前にブヨブヨ感 (ブワブワ感)。ぬるい粘液の中にいる様な感じ。それが顔の前で上下に動いたり、回転運動をしたりしている。

◎脊髄の辺りに一番強く熱いエネルギーを感じる。すさまじい衝撃。耳鳴りがキィーンと鳴っている。

◎気泡が１粒ずつ産まれ、それが体を動きまわる。腰の辺りで産まれる。

◎脳天と額に強いエネルギーを感じる。

4月30日

◎金縛りに合う。

◎離脱する。自分の手を見ると透けている。手を誰かにひっぱられる。「あんたガイド？」と聞くと無言だった。

◎体の変化は多少おさまっている。

5月1日 朝

◎延髄が冷たい。

◎後頭部からものすごく冷たいエネルギーが背骨を伝い下に降りる。

（同日）昼

◎この日、電話で〇〇〇〇〇〇〇〇のセミナーの予約をキャンセルする。

（同日）夜

◎背骨から脳天に向かってつきぬけるものすごく強いエネルギー。

リラ自然音楽クラブに入会しセラピーを受ける

5月2日

はじめて鎌倉で「リラ自然音楽セラピー」を受ける。

その時の様子は、セラピー用紙に書いた通りですが、今さらですが「これは報告した方が良かったかな」と思う事があったので報告します。

この時、開始直後「セラピーはホールで青木由有子さんが直接歌ってくれるんだ」と思っていました。(注、実際はリラ自然音楽歌手の青木由有子が歌うＣＤをかけてセラピーを行い、セラピーを受ける人々は寝ころんでそのＣＤを聞いているだけです)。導入の「イヤハエの歌」をホールで青木由有子さんらしき人物が歌っていたからです。その両隣りにも２人くらい誰か居た感じでした。この時は覚醒状態の意識でしたが、まるっきり本物の人物の様に歌っていたので本人だと信じてうたがいませんでした。しばらくたって(「愛を語る夢のむこうで」になって)「ああ、これはＣＤだったんだ」とはじめて気付きました。

それと、セラピー前の清めのＣＤの時に、女性のリラの声が2、3回聞こえました。セラピー場の隅には大きな絵がかけてあり、その壁の奥に小さな小部屋があって、そこでリラを発声してる感じでした。(注、実際はその壁が行き止まりで、そこから先には何もありません。) 今思うと、この時は確実に覚醒意識でしたし、まるっきり本物の人物でしたが、すごく神々しく感じました。今までセラピーをしてきてこんな事はこの時以来１回もありません。

以上がクンダリーニ前後の状況の流れです。ちなみに、リラ研に入会しようと心に決めたのは4月10日よりも少し前だったと思います。その時は、リラ研がネオ・スピリチュアリズムやデクノボー革命(地球の変革運動)をやってるなんてことは一切知りませんでした。ただ中学生の時から自然音楽は聞いていたので、自然や宮澤賢治が好きな人達で、それを音楽にしてるだけかなと思っていました。なので、リラ研に入会しようと思った理由は、中学生の時から来たかったし、元々音楽が好きだったので、それだけの理由でした。

2 リョウレポート 欲にとらわれたのは邪霊の憑依？

自己分析

○○○○研関連の本を読み始めた辺りからの自分の行動と思考の流れを分析すると、明らかにおかしくなっていったと思います。例を挙げると、お金が猛烈に欲しくなり、どんなことをしても金を手に入れようと思う様になりました。そこで（パチンコ屋は嫌いなのに）パチンコ屋で働こうと思い面接に行ったりしました（時給がいいので）。ノートパソコンが欲しくなり、買おうと思って電気屋に下見に行ったりしました。○○○○○（脳波を操る機械）の体験をする事しか考えられなくなっていました。今ふり返ると「欲」のかたまりになっていたと思います。今考えるととても異常な事なのですが「霊に感応、憑依されるとこうなるのか」という事が分かった貴重な体験だったと思います。

異常だったのは、自分だけでなく母親もでした（別の意味で）。○○○○○（脳波を操る機械）のセミナーに行くと言った時に、いつもなら「勝手にすれば」とか言いそうなのを「ぜったいに行くな」とものすごい迫力で言って止めてくれました。その前後の行動や雰囲気を見ても、今思うと「どうしてこんなに」と思う程、必死で「何があっても行かせてはいけない」と思ってる様でした。母親本人は全く気付いていなかったと思いますが、「善霊が働くと人間はこんなにも変化するのか」と思う程、人間そのものが変わっていました。それだけにもし自分が本当に行っていたら確実に危なかったんだと思います。

以上がクンダリーニが起こった経緯とその時の状況の流れです。

2人にはサタンが働いている!?

『○○体験』、『○○○○○体験』（どちらも○○○○研関連の脳波を操る○○○○○体験の本）のサタンが働いてると思われる痕跡についてです。

この2人の著者は、元々霊の存在についても半信半疑の人達でした。この2人が霊の存在を認めるにいたった決め手が、下記に示すような物理的心霊現象です。おそらく、信じ込ませるパターンとして手段化してるのかなと思います。リラ研の山波先生の本で言ってる事の裏付けがこれで出来ます。

信じ込ませるパターン

『○○体験』の方ではスロットをしていて、「本当に神がいるなら証拠を見せろ!!」と言ったら本当にその瞬間から大当りしだしたそうです。

『○○○○○体験』方では、携帯電話がテレポートしたそうです。

『○○○○○体験』の方は特に危険を感じたので記します。この著者は、興味から脳波を操る○○○○○のセミナーを始めます。○○○○○の体験中に幽体離脱状態となり、その世界で、目の前に「ハイヤーセルフ」なる人物が出現したそうです。その人は頭がクラゲの様で、体は普通の人だったそうです。その人物は著者に「自分はお前のハイヤーセルフである」と告げ、「お前と融合する」と言い、抱き合ったそうです。それから著者はいついかなる時も、日常生活中に、「ハイヤーセルフ」と頭の中で会話が可能になったそうです。つまり、この本は著者と「ハイヤーセルフ」を想念の複合体もしくは、著者は傀儡であり、実際は「ハイヤーセルフ」が書いた本と思われます。この本の終わりにこう書いてありました。「この本を読んだ人はチャクラが開く。そうなる様に、その様な念を込めておいた」。自分は本を読みましたが、今思うと明らかに普通でないエネルギーが働いていたと思います。詳しく言うと、感情的になりました。それは「愛」なのですが、その種類が低級なものです。ハートのチャクラが開いてもおかしくない感情エネルギーが発動される様に、そんな想念が文体にちりばめられていた。そんな感じです。

ネットで幽体離脱を調べた概要です

自分と同じで偶発的に離脱状態になってしまう人が全国にたくさんいる事が分かりました。その人達も「これは一体何なのか」気になるらしく、それを語り合っていましたが、脳内現象か夢の延長と考えてる人が多いようです。そういう人達は、必然的に幽体離脱の練習のサイトに行きつきます。そこでは最初にこう書いてあります。「幽体離脱は、面白半分でやっても確実に安全である」。これは○○○○研でも言っています。そしてここでは、サイト運営者の幽界体験記がたくさん書かれています。それを見た人達は「面白そう、やってみたい」という思いを触発され練習しだす、という流れです。色々ありましたが、自分が見たやり方は、こんな感じだったと思います。魔法入門（カバラを中心としたもの）という本があり、そこに載っていたのをアレンジしたものらしいのです。①天井に自分の姿の写しをイメージする。②そこに息をふき込む。③自分の想念が天井の写しに移る様イメージする。こんな感じだったと思います。これは１年前の情報ですが、今もネットを軸に広がり、日本全国で面白半分でそれをやってる人達がたくさんいるかもしれません。

さいごに

以上です。長くなってしまい、すみませんでした。関係なさそうな所まで長々と書いてしまった理由は、その方がどんな霊がどんな風に動いていたか立体的に伝えられそうだと思ったからです。様々な霊が背後で働いていたと思うからです（悪い方も良い方も）。しかしこの間報告書に書いた、科学で世界を支配しようとしてる霊が本当に働き、装置（注）を体に付けたのか？ は、この時は一切分かりませんでした。なので、その時の状況をありのままに書きました。

（注）リョウさんは、2009 年 7 月 5 日のセラピー中、サタンの装置がとれたと報告しています。その装置は記録装置（チップ）のようなもので、クンダリーニの時につけられた（幽体かエーテル体に）ものではないかと言っています。本書 87 ページの 2009 年 7 月 5 日の項を参照して下さい。

パート1　2008年6月～12月

- 霊との遭遇
- 恐怖、ミステリアスワールド
- リラ自然音楽セラピーで浄化

気付き、生き方の転換へ

1 （セラピー日記）

危機脱出、幽体浄化スタート（セラピスト記）

はじめに ―― セラピーについて

リラ自然音楽セラピーは、リラ自然音楽のＣＤ（音楽、朗読、リラヴォイス発声）を寝て（横になり）聞くことによって、心身を浄化し、それによって、全人間的改善進化を急速におこなうセラピーです。このセラピーは、山波言太郎の霊の実在と媒体（霊と肉体をつなぐ見えない体）を認めるネオ・スピリチュアリズム理論の実践から発生し、開発されたもので、セラピーの基本は、幽体（媒体）を浄化することにあります。幽体が浄化されると、心身の改善が起こり、そこに精神の進化が始まり、急速な全人間的改善進化（身体的心理的社会的健康が得られ霊性が進化する）が起こります。このセラピーの施術者は人間のセラピストではなく、霊界の霊医・天使・宇宙人でありその方々が集団でセラピーでは働いて癒しをおこなっていると考えられます。

リョウさんはいわゆる敏感体質者の一人ですが、セラピーで起こった現象や反応をできるだけ正確に報告しようと、冷静客観的姿勢で記録してくれています。リョウさんは特に邪気を肉体の五官で感じるように感受しているところが特徴的です。邪気は幽体を悪化させる元凶です。この邪気を排出することによって、エーテル体、幽体の浄化がおこなわれ、そこから心身の浄化改善、精神の進化は起こるわけですから、この人間進化のかなめ邪気の排出にポイントを置いてセラピー現象とリョウさんの変化を辿ってみたいと思います。

リョウさんのセラピー受講状況

リョウさんは2008年５月に入会してから、週に１回のペースで鎌倉でのセラピーを受講、時には週に２回受講することもあります。又、鎌倉ではなく遠隔セラピーの場合もあります。リョウさんはセラピーのほかにも、当研究所の色々な講座を熱心に受講しており、リラヴォイス(注)発声では「生命の樹リラ」発声まで進んでいます。クラブ入会後、わずか1年10か月で、この「生命の樹リラ」発声の段階にまで至るのは非常に早い方ですが、これには家族が会員になっていることが大きいと思いますが、それと共に、何よりも本人の真摯な生活姿勢とリラ自然音楽（セラピー）のとりくみ姿勢によるものだと思います。

（注）リラヴォイスとは「人が宮沢賢治の言うデクノボー（愛の人）になるにつれて発声できる癒しの作用効果をもつ声のこと」（山波言太郎）。山波言太郎が1992年に開発した。これは本人の精神の進化につれてレベルアップする。全7段階ある。ただし人間に発声できるのは第6段階「竜神リラ」まで。リョウさんは現在第3段階「生命の樹リラ」。

リョウさんのセラピーの変化の記録

邪気が口から抜ける　2008年5月～12月

グニャグニャ（邪気）がチャクラに渦を巻く

リョウさんは2008年5月にクラブに入会しました。入会の動機は、ある種の著名な超能力開発セミナーに申し込んだら、その時から身体が異常な状態になり、困り切って、家族（リラ自然音楽クラブ員）にすすめられて入会しました。クラブ入会時には、既に超能力のセミナーは申し込みを取りやめていましたが、身体の異常は収まらず、いわゆる「チャクラのこじ開け」とか「憑依防止網を破る」に近い状況になっていたのではないかと推測されます。

リョウさんは、体中グニャグニャ動くものが体の表面にあるとセラピー受講報告書に書いています。「ゴム状のグニャグニャ」したもので、セラピーを受けると口から出ていく感じがすると書いています。これは肉体に出入りする物質ではなく、エーテル体か幽体に出入りする「気」に類するものです。いわゆる邪気です。リョウさんはこの邪気を「グニャグニャしたもの」と体感できる特性があるようです。従ってこの邪気が媒体に溜まったまま抜けないと心身が悪化するので、邪気を排出する浄化力がいわば人間進化のバロメーターといえます。リョウさんは入会してから半年位は、もっぱら口から邪気を排出しています。しかし、セラピーをはじめて1、2か月くらいはスムーズに邪気がどんどん抜けていく状態ではなかったようです。

2008年6月1日　鎌倉セラピー（リョウ記）

① 頭のてっぺんを指で強く押される感じがして、顔をつたって、雫のようなものが落ちていきました。
② 胸のグニャグニャしたものがウズを巻いてました。
③ 眉間でグニャグニャしたものがウズを巻いていました。(眠る)
④ 起きてから、口の中でグニャグニャしたものが動いていました。

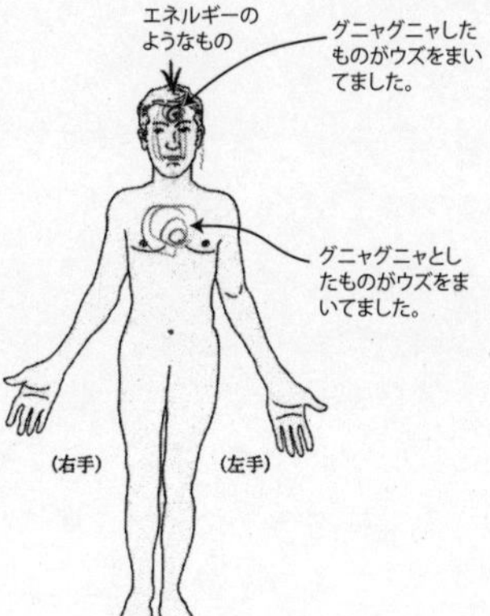
エネルギーの
ようなもの
グニャグニャした
ものがウズをまい
てました。
グニャグニャとし
たものがウズをま
いてました。
（右手）
（左手）
リョウ記入

（セラピスト記）

この日のセラピーでは、邪気（グニャグニャ）は口から抜けなかったのか、又は抜けたけれど記憶にはなかったようです。セラピーが始まると頭頂からエネルギーが入れられようとしますが、エネルギーは（幽体の）顔の方にも流れてきています。これはエネルギーが（幽体の）顔全体の経絡にまで広がって作用しているということでしょうか。なお邪気は、眉間や胸のチャクラに特に集まり渦を巻いているようです。チャクラは、肉体と、エーテル体、幽体をつなぐエネルギー出入口であり、また渦流作用をする大切なポイントです。ですから、このチャクラを邪気に占領されたままではいけません。

2 リョウレポート 幽体離脱、異次元へ

2008年6月21日
宇宙と部屋はつながっている、宇宙人キツ

夜、なぜか興奮して寝れなくて、少しイラつきながら布団の中で横になり、音楽（自然音楽）を聴いていました。「はやく寝ろ、はやく寝ろ」と念じていると、金縛りの前兆現象（ブンブンといった耳鳴りや、体がグワングワン揺れる状態）が来ました。「これはマズい」と思い、起き上がろうとしましたがその前に体がガッと固まり金縛りに突入してしまいました。しばらくすると体が上下左右にグワングワンと揺れていきました。しばらくその状態に浸っていましたが、だんだんと激しくなってゆき、途中から宇宙

を漂っている様な感覚へとシフトしていきました。何と言っていいのか分からないのですが、感覚は研ぎ澄まされ意識もこれ以上無い程にハッキリとしていて、そこまで悪い気はしませんでした。額の部分でチャクラの様なものがヒュルルルーと音をたてて回転していました。青く光っていてキレイでしたが、普段空等を見ると肉眼で見える形と異なっていました。

回転するチャクラ

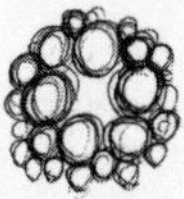

普段見るチャクラ

しばらくその状態だったのですが、気がつくと部屋の居間にいて、窓から外を眺めていました。窓の外には雨が降っていました。部屋に突然グワングワングワンといった感じで煙突の様なものが出現しました。煙突の基は宇宙に繋がっていました。つまり、部屋と宇宙が繋がっていたという事です。煙突の先がシュポンといった感じで開くと、中から人が出てきました。「この人はきっと宇宙人だ」と思い、なぜか恐怖感はなく、その人に近付いていきました。その人の顔をのぞき込むと予想と全然違った顔をしていたので、（普通のおじさんの顔）一瞬「あれ」といった表情になってしまいました。その人も「パッ」とした表情でふり向いてくれたのですが、自分の表情の変化に向こうも「え⁉」といった感じになり、少し気まずい雰囲気になりました。「何か話しかけよう」と思い口をぱくぱくさせるのですが、離脱状態特有の体の状態で、思うように体も動かせず、しゃべる事もできませんでした。何とか「な……なまえ」だけ言う事は出来たのですが、声になりませんでした。向こうは口の動きを読みとってくれたらしく、「キツ」と答えてくれました。体が肉体にひっぱられる感じがして「もう戻ってしまうのかな」と思っていると、キツにすごくけげんそうな顔で、「お前そうとう変わってるよな」と言われました。戻る瞬間に、時計だけ見ようと思い、なんとか時計を見ると3時40分でした。実際戻ってから時計を見ると1時30分でした。

2008年6月30日
幽体離脱から恐怖体験、「過去情炎」(ピアノ曲)で助かる

頭が覚醒して朝方まで寝れずにもがいていると、前兆現象が来て金縛りに合いました。この日は何か非常に危い感じを受けました。何者かに首と腰をつかまれて、ひっぱられはじめました。痛み等は無いのですが、くすぐられている感覚に近く(実際はその何倍も苦痛ですが)非常に苦痛を感じました。それはなんとかもがいて金縛りから覚めて助かるのですが、その後幽体離脱状態になりました。体(幽体)が風船の様にフワフワと漂って肉体から離れていってしまいました。何とか体に戻ろうとするのですがいうことをきかず、「何かが働いてるのか?」と思うぐらいに体から離れていってしまいました。まるで海の中で波にもまれながら向かおうとする方向に泳ぐのですが、逆の方に流されていってしまう様な感覚に近いと思います。ベッドの手すりにつかまってそれをたどっていって体に戻ろうとしたのですが、信じられない事に手すりがグーンとどこまでも伸びていきました。「そんなばかなー」必死でたどって戻ろうとするのですが、手すりはグングン伸びて部屋は3m四方位なのですが、肉体が10mも離れた所に存在している様に見えました。手すりから手を離してしまい、空間を漂い

ながら体に戻ろうとすると、頭から黒い布をかぶった死神のようなおばけが、目の前に出現し、体に戻ろうとするのを立ちふさがって妨害してきました。こっちも不安と苦痛と恐怖で極限状態だったので思わず布のおばけにヒザ蹴りと顔面パンチをくらわせてしまいました。まるでマネキンを殴った様に手ごたえは無く、全然きいてない様子でした。布のおばけは怒ったのか体をブルブルと震わせながら巨大化していき、瞬間的に間合いを詰められ、お腹を何かでグサッと刺されました。「これは終わった…早く体に戻れ!! 戻れ!! そろそろ目覚ましの鳴る時間だろ!! 早く鳴れ!! たのむから体に戻してくれ!!」と念じていると、どこからともなくメロディーが聴こえてきて「何だこれは」と思ってるうちに体に戻れました。ＣＤでかけっぱなしにしていた「愛を語る夢のむこうで」の２番目のピアノ曲の「過去情炎」だったと戻ってから気付きました。「あーよかった、助かった、助けてくれてありがとう」とものすごく強烈にそう思いました。その５分後くらいに携帯目覚ましがブーブーと鳴りだしました。

2008年7月31日
金縛りになり下にひっぱられる　イヤな感じ

夜、前兆現象から金縛りに突入しました。何者かに体をつかまれ、下に下にとひきずられていく感じがしました。つかまれてる感じが何とも言えないのですが、非常にイヤな感じでした。足がしびれた状態で何とか歩こうとするそのしびれの状態がつかまれている部分におこっている様な感覚に近いと思います。戻った後起きると目の前の空間を白い火の玉の様な光が動いてました。

また近くの空間が蜃気楼の様に歪んでグルグルと渦を巻いていま

した。

この日は違うのですが、青白く光るニヤけた嫌な表情をしたおじさんの顔が目の前の空間を漂っていた事もあります。

3 （セラピー日記）邪気排出と気付き（セラピスト記）

セラピーを受け続けて4か月近くなると、セラピーの様々なエネルギーの働きによって、リョウさんの心身の浄化と調整は進められていきます。次の8月30日のセラピー記録を見ると、基本的な癒しのエネルギー、植物的エネルギーがさかんに手から流入し、それだけでなく胸のチャクラ（愛のチャクラ）へも働きが加えられています。

2008年8月30日　鎌倉セラピー（リョウ記）

① 口からドロドロとしたものが抜けました。
② 胸の部分が圧迫感があり、苦しかったです。
③ 手の平が両手ともジリジリとしびれました。また、右手の人差指1本に痛みがあり、何か入ってくる感じでした。

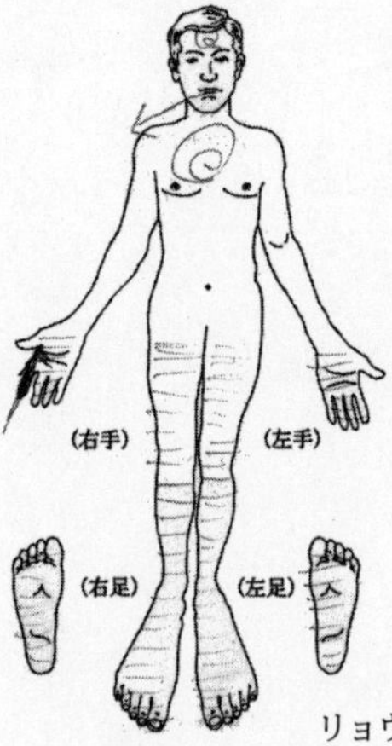

リョウ記

(セラピスト記)

上記で判るように、①邪気が抜けていき、②胸のチャクラへの改善作用が働き、③エネルギーの流入などがあり、次々とセラピーでの心身の浄化が進んできたので、9月6日のセラピー（上記のセラピーから1週間後）では次のような気付きが、突然リョウさんに起こりました。これも高いレベルのエネルギーの注入によって、自分の中にあった愛の心が呼び醒まされたと考えられます。

2008年9月6日　鎌倉セラピー（リョウ記）「世界をどうにかしたい」

「なぜか（危機的な状況の）世界をどうにかしたいという気持ちになりました。(しかし) 自然破壊の (状況があまりにひどい) 為にそう考えたとしても、個人の力はあまりにも小さすぎる為、どうしようかなど考えた所、おそらく、万物（自然界の全て）の関連性の中で、全てが幸せだと思える方向性が必ず存在する為（今現在はおそらく不完全の状態）、しかし人間の心の力は無限なので、どこまでも大きくなる為、その力を高めてその方向性に乗せていくしかしようがないと気付きました。」

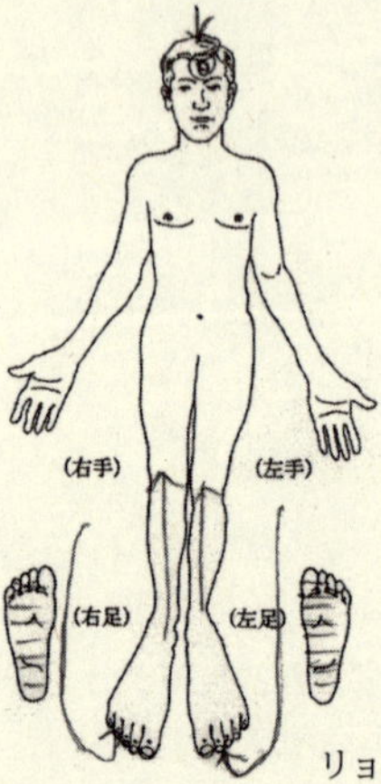

リョウ記

（セラピスト記）

リョウさんがセラピー中に急に、地球を救いたい、世界全体を幸福にしたいという気持ちになったということは、高い愛の宇宙エネルギー（気）の注入によって、自分の中に元々存在していたこの地上への再生の決断、すなわち地球に生まれてきた目的を思い出さされたのだと思います。そうしたら、いのちは一つという真実が、愛のエネルギー（気）の注入と高い霊的存在との感応でメッセージのように伝わってきたのではないでしょうか。そうでなければ、いのちは一つで人は神の子だから自分が目覚めれば世界を救うことが出来るというものすごい気付きが、一瞬のうち（セラピー中）にあるはずはありません。

このような大きな気付きによって、リョウさんは、日常生活もセラピーに対する思いも、どんどん真摯に真剣なものになっていったのだと思います。

リョウさんのセラピーは、週１回のペースで、どんどん浄化が進んでいきます。次のような強力な幽体への癒しのエネルギーの注入も、おこなわれています。

2008年11月29日　鎌倉セラピー（リョウ記）
幽体をずらされて、エネルギーを注入

① セラピーが始まり、頭のてっぺんの圧力と、背中で何かがグニャグニャと動く感じと、口の中で何かがグニャグニャと動き、体の外に出る様な感じを得ました。また、体中のいたる所で、何かが動くのを感じ、関節が勝手にガクンと動いたりしました。

② その後、寝たり起きたりを繰り返しているうちに、体中のエネルギーの流れの様なものが激しくなり、幽体の様なものが体の外にズルリとぬけ、幽体離脱の様な状態になりました。

③ その状態で、頭のてっぺんから、とても強烈なエネルギーの様なものを５〜６回注入されました。頭のてっぺんをギューッと押される感じで「キシキシキシ」という音が聴こえ、よくわからない光が回転してました。あまりにも強力だったので少し恐くなりました。

④ それが済んだ後は、腰の部分がジクジクしてきました。

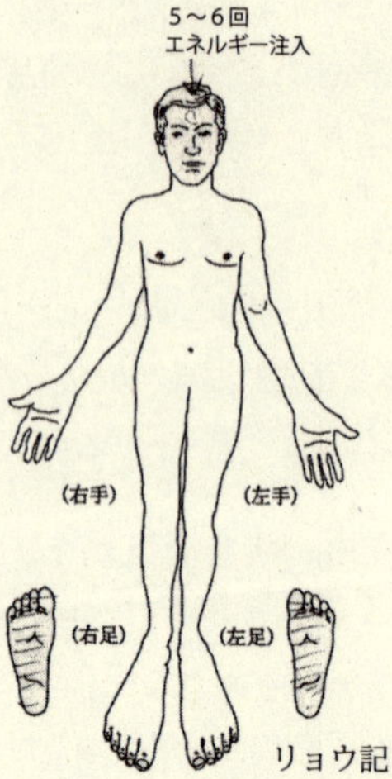

(セラピスト記)

①セラピーが始まると、頭頂などから邪気を排出させて浄化するエネルギーの流入が始まり、口からは邪気が排出されます。癒しのエネルギーは全身をめぐり、関節など気の流れの関所になる所では、カクンと動く（肉体か幽体）こともあります。

②次に幽体が肉体から引き離されて、いわゆる幽体離脱の状態になります。これは幽体に直接癒しのエネルギーを注入するためです。この状態で、③のようにエネルギーが頭頂から注入されます。光が回転しているというのは、リョウさんがチャクラの回転そのものを見たのか、そこを回転するエネルギーを見たのか、いずれにしろ霊医のエネルギー注入に関わる状況を幽体の目で感知したということでしょう。

④頭頂から注入された強烈なエネルギーの反応で、幽体の腰の部分

が「ジクジクして」きたのだと思われます。

4 (リョウレポート) 空間が巨大な生物、ホラー映画そのまま

2008年9月20日　ゴムのような手を噛む

夜、金縛りから幽体離脱状態になりました。首の後ろと腰の部分を何者かにつかまれ振り回されている感覚を受けました。いつもと同様のイヤな感じがしました。

つかんでいる相手の手を見る事に成功しました。

かなり大きめでした。30cmくらいあったと思います。

「やめろよ」という意味で手にガブッと噛みついたのですが、ゴムで出来た固まりに噛みついた様な感じで相手には何の反応もありませんでした。

2008年9月21日
エーテル界（？）空間が巨大な生物
CD「ホワイト・イーグルの言葉」で戻る

夜寝てる時に、前兆現象から金縛りに突入しました。何者かに後ろから抱きつかれ、背中を舐めまわされながら暗い空間内をグルグルとひきずり回されました。その抱きつかれている人間臭さの

様な生物的な人体感覚が現実よりも数段リアルで、生温かさや息づかいが、非常に苦痛に感じました。しばらくした後、よく年配の男性が風呂上がりに髪につける様なヘアトニックの臭いがしたのでこの人は男性だなと分かりました。その後、相手の頭を見る事に成功しました。かなり大き目で30cmくらいありました。髪は角刈りにしていて、雰囲気からヤクザの様に感じました。手も大きく20cmくらいありました。「早く体に戻れ!!」ともがいてもがいてなんとか体に戻れました。その後、「あーよかった戻れて」という思いでトイレに向かうと、寝室の前を通りかかった所で異変に気付きました。寝室の様子が変わっていたのです。「えーなんでだ!!」と強烈に思いました。戻れたと思っていたのが実は戻れてなかったと分かり、非常にショックを受けました。

「そんなバカな!!」という思いでした。寝室は和な感じの畳部屋で、実際の大きさの2倍くらいの大きさになっていて、父親が正座をしていました。父親の所に近付いて分かったのですが、その人は父親ではなく父親に似た誰かでした。「今離脱状態で体に戻れないんだけどなんとか助けてくれない」的な事をつげると、父親の様な存在は厳しく叱りつける様に「お前が悪いんだろ」みたいな事を言ってきました。それは叱咤する雰囲気をかもし出していましたが、その裏にはからかってる様な意地悪で嫌がらせをしている様な心がにじみ出ていました。その後、居間に飛んだらしく、母親がこたつに入ってました。母親に「今離脱してて戻れないんだけど」と言おうと近付いていくと、片足が3分の1くらいにしぼんで小さくなってました。「その足!!」と言うと母親は気持ちの悪い笑顔で何か訳の分からない事を口ばしっていました。なんだか空間全体が1つの巨大な生物で、その空間にもてあそばれてる感じがしてきました。

不安と恐怖でどうしようもなく、「あー」という感じでいると、微音で流していた「ホワイトイーグルの言葉」のＣＤが聴こえてきました。「平静を保ちなさい何事に対しても恐怖を感じる必要はない」という趣旨のことが聴こえてきて、勇気がわいてきました。「そうだ､恐怖を感じる必要はないんだ」と強く思い､「やめろ!!」と叫ぶと体に戻れました。その後、母親の足が気になったのですが、特に変わった様子は無かったので、何か言うとかえって気にしておかしくなるかなと思い、聞かないでおきました。

2008年9月22日
ホラー映画そのままの恐怖　頬を叩くと痛い

前兆現象から金縛りに突入しました。いつもの様に何者かに体に抱き付かれ、暗い空間内をひきずりまわされるのですが、この日は特に変わっていました。耳元で聞こえる男の「ハア…ハア…」という息づかいと辺りの空間全体の雰囲気が、いつもにも増して数段イヤな感じと危機的状況とおどろおどろしさを、かもし出していました。はりつめた空気全体のヤバさに「これはマズい」と非常に恐くなりました。金縛り状態をとこうともがくのですが全然とけませんでした。なんとか目をひらくと、カーテンやベッドのそばのタオル（普段そこにタオルはおいてないはずなのになぜかおいてある）がまるでヘビの様にグニャグニャと動いていました。なんともおぞましい雰囲気でした。リアルで、ホラー映画を体験している感じです。絶対ホラー映画を作ってる人はこういう体験があるんだなと思いました。もしくは、ホラー映画を見た自分自身の記憶が、この様な状況を作り出しているのか…とも思いましたが、「そんな事考えてる場合じゃない!!」と、なんとかこの状況から脱出しようともがいていると、耳元で「ブッ」という音が、ものすごくリアルに聞こえました。「これはオナラを耳元でされたのか」と思い、普段ならフツフツと怒りが沸いてきてもおかしくないのですが、この時ばかりは絶望感から「あーもうどうにでもしてくれ」と思ってしまいました。

その後「パン」と自分の頬を叩くと、男の霊は立ち去っていきました。叩かれた時になんと痛みを感じました。それまで離脱状態で痛みを感じた事は全く無かったのですが、離脱状態でも痛みを感じる事があるんだとびっくりしました。その男の立ち去っていく様子から、この男はもう2度と現れる事は無いなと確信しました。

5 （リョウレポート）幽体離脱した19歳の体験

2008年10月9日　弟の想念体が現れた（?）

夜中の2時頃突然目が覚め、頭の中で「パチン」という音が鳴ったと思うとその瞬間金縛りに突入しました。

またいつもの様に何者かに体に抱きつかれ、背中を舐めまわされました。なんとか脱出しようともがいていると体が動きました。そして、なんとか起き上がって電気のひもに手をのばし、カチッとひっぱったのですが、電気が何度ヒモをひっぱっても点きませんでした。「そんなバカな」と思いました。普段は大元のスイッチはつけておいて、ヒモをひっぱって電気をつけたり消したりする様にしてるはずなので、「これは離脱したんだな」と気付きました。

その後も「つけ!!　つけ!!」と念じながら何度もひもをひっぱっていると、つきました。そこで相手の姿を確認したのですが、なんと弟にそっくりな霊なのです。弟の様な霊は青白い顔をしていて、無表情でいてどこかうつろな感じで、絡みついてきました。そこで、これはもしかしたら弟の亡霊かもしれないなと思いました。小さい頃よく馬乗りになって押さえつけてビンタとかしてイジめてたからです。その時の念の様なものがこの様な姿をとり、仕返しに来てるんだなと思いました。そう思った瞬間パワーがみなぎってきました。なぜなら、たとえ霊でも弟に負けるはずがないからです。弟の様な霊を振りほどくと、頭に蹴りを入れました。怪我をしたら困ると思い多少手加減はしたのですが、こっちもだいぶ必死だったので、思わず強目になってしまいました。まるで粘土細工を蹴った様に手応えがなかったのですが、弟の様な霊は無表情のままガクッとうなだれました。その後体に戻りました。その後、弟が少し気になり電話してみようかなと思ったのですが、弟は考え込んだり陰湿になったりするタイプではないので、「まあ、元気に会社に行ってるはずだな」と思い電話はしないでおきました。

2008年10月13日　ドロドロゲル状のものが体外に伸びる

夜、寝着けずに布団の中に入ってました。その時の意識状態から「これは離脱しそうだな…」と思っていたら、案の定、ピーという耳鳴りとともに金縛りに突入しました。「まずい」と思い瞬間的に解こうともがきましたが、ガッチリと固まってしまい、もがいているうちに上半身から幽体がズルリと抜け出してしまいました。「あーこれはもう離脱するな」と思ったら案の定体をグーンと10m位後方にもっていかれ、暗い空間にほうり出されました。その空間をしばらく漂っていたのですが、その最中体のいたる所からドロドロとしたゲル状のものがグーンと体の外に伸びていくのを感じました。その後、急に胴体の部分に着物の帯の様なもの（細長い布の様なゴムの様な素材でその様に感じました）を何重にもグルグルと巻かれていきました。「何だこれは」と思いましたが、それも終わったらしく再び暗い空間を漂っていました。すると、霊にそっと後ろから体を密着させられ、首を締められました。そして、背中をピチャピチャと舐められました。「あーまたか」と思いましたが、だいぶ気持ち悪いことに変わりはなく、「早く戻れ!!　早く戻れ!!」と念じていたら体に戻れました。その数時間後、また離脱状態になりました。今度は女性の霊（さっきの人と同一人物かはわかりません）に絡みつかれました。これもだいぶ気持ち悪かったのですが、経験上抵抗すると余計強く首を絞められたりするので、されるがままにしておきました。しばらくしたら体に戻れました。

19歳の夏　白昼夢ではない異変

19歳の時です。その頃はS地方のアパートに1人暮らしをしていました。

その頃はだいぶ精神状態が不安定で人生に絶望していたので、大学にも行かずに昼間ずーっと昼寝をしていました。夏の熱い日でした。昼寝から目覚めると、辺りの異変に気付きました。

まだ昼間（のはず）なのに、やけに辺りが薄暗く、まるで異次元空間の様な感じで、部屋の様子は同じなのですが何かが明らかに違っていました。起き上がると、まるで強制ギブスを付けられている様に体が重く、思う様に動かせませんでした。ふと横を見ると、非常にびっくりすることに知らないおじさんが部屋にすわっているのです。そのおじさんはさもここが自分の家と言わんばかりにくつろいでいる様子で、同じく自分の方を見て非常にびっくりした顔をしていました。「なんでお前がびっくりするんだ？ びっくりするのはオレだろ」と思いましたが、それ以前に勝手に人の家にあがり込んでいるので「こいつはドロボウか変態か？」と思い、とにかく危険過ぎる状況なので、思わずおじさんに飛びついて胸ぐらを掴み「てめえなんだよ!!」と言ってしまいました。しかし、なぜか言葉がうまくしゃべれず、体も重く、まったく動きませんでした。おじさんは何か必死な表情で、同じく自分の胸ぐらをつかみ、締め上げてきました。非常に苦しかったのですが、とにかく危険過ぎる状況なので、こっちも必死でもみ合いになりながら、なんとかおじさんを部屋の窓からおい出しました。おじさんは必死な表情で、何か言いたげにしながら窓から逃げていきました。「何なんだこれは」と思いましたが、ハッと気付くとふとんの中で、辺りは普通の明るさに戻っていて、体も正常に戻っていました。

19歳の時の幽体離脱体験

19歳位の時です。S地方のアパートで昼寝していると金縛りに合いました。「いやだな」と思い金縛りと格闘していると、体がグワングワンゆれはじめました。「何だこれは」と思いましたがだんだんとその波が激しくなっていき、まるでジェットコースターに乗っている様な感覚になっていきました。体は眠っているのですが、体感的にはジェットコースターのように感じました。

その波の最中、突然体がスポーンと上方に抜けました。その後、部屋の天井の辺りをフワフワと漂っていたと思います。そこで「これはもしかしたら幽体離脱なんじゃないか」と気付きました。そう思うと楽しくなってきて、「じゃあ空を飛んでみよう」と考えました。そう思った途端体が天井をつきぬけ、空へと飛び出し空を飛ぶことに成功しました。空の青と風が体にぶつかりそれを切りさいて飛んでいく感覚が非常に心地良く、ものすごく感動しました。空から眺めた三保の松原がすごくキレイでした。しばらく空を飛んでいましたが、「じゃあ、実家に帰ってみようかな」と思いました。そう思った瞬間、実家に瞬間移動していました。おかしな事に、S地方では昼だったのが実家では夜になっていました。家の様子も今思うと明らかに違っていたのですが（何と言っていいか分かりませんが実際と全然違いました）その事にはなぜか気もとめずに寝室に行くと父と母と弟が川の字になって寝ていました。（これも有り得ない事です。弟は自分の部屋で寝るはずだからです。それと、なぜか弟が髪を金髪に染めていました。今現在まで弟が髪を染めた事は無いはずです。）その後、どうやって戻ったのかおぼえていませんが戻れました。

⑥ 思索ノート ── 神　宇宙　愛 ──

リョウ記

全ての存在が存在する原因（意味）の原因（意味）の連鎖を辿っていくと、その全てが例外無くだんだんと繋がっていき、ある一点に辿りつきます。

それが宇宙の始まりだとすると、その一点からどうして今現在の様に分化していったのか、それがどうして空は空で海は海で大地は大地なのかの疑問と同一であり、その理由がわかったとすると、それが神の意志であり、全ての存在が向かうべき方向性なんだと思います。「繰り返し」「循環」「回転」これらが真理の片鱗に触れるキーワードなんだと思います。なぜなら、つきつめると、全てがその様になっているからです。

例えば、ある一点から膨張宇宙が始まり、ある所で縮みはじめ、また一点に戻るその一連の流れは、冬から春になり夏になり秋になりまた冬に戻る一連の流れと同一のものであり、きっと宇宙は膨張と縮小を何回も何千回も何万回も繰り返すんだと思います。それは膨張と縮小と言うよりもむしろ回転運動に近いもので、輪廻転生に近いものかもしれません。

この世界の流れは、始まりがその瞬間終りであり、終りがその瞬間始まりであり、無数のその繰り返しが連続したものです。でもそれは、よく考えるとおかしいのです。始まりが終りで終りが始まりなら、最初から何も動き出さないという事であり、この世界の流れは存在し得ないからです。始まりと終りを認識してしまう事にきっと問題があるのであり、それが時間という本来存在しえないものを産み出しているんだと思います。だとしたら、始まりも終りも超越した何かが確実にあるはずなのですが、その正体が一向に分からないのです。

嵐の中を　つき進む様に
雷を逆に　切り裂く様に
氷点下の吹雪の中を
灰色と白い雪と風と轟音の最中
それでも　やはり　進みゆくのか
針の様な雪が　体に　突き刺さり
細胞が徐々に凍ってゆき
白銀と同化する様に
意識が薄れてゆき途切れても

やがて
太陽が氷を溶かし
生まれ変わる　様に　目覚めても
記憶は　何もかも
真白に　消えていて

それでも　その瞬間を
幾千　幾万　幾千万

大き過ぎる　意味に　のまれ
無意味へと　変わる程に
量子の中の一点の
存在　そのものが　すでに　消滅である様に
そして虚無
暗い無限の広がりの　1つの煌めきが
星雲となり　星々となり　やがて　銀河へと
散りばめられた　無数の光の中の
その一粒までも

空を構成する青の粒子が　どこまでも透明にすき通れば
風は光輝き、 若葉を　なでる様にゆらすだろう
若葉の葉緑素は黄緑色にすき通り、
それを食べた動物達の心は　クリスタルに光るだろう
心は空へと還り　空はまた　どこまでも　透明に　青あざやかに

地球は宇宙に浮かぶ1つぶの砂だから、
1つぶの砂は地球と同じ重みだろう
人は地球の1つぶの赤血球だから、
1つぶの赤血球は人と同じ重みだろう

心はきっと1人1人にあるのではなく
1つの心をみんなで共有してるんだろう
だから、世界が全体幸せにならない限り個人の幸福は有り

得ないんだろう

みんながみんな　1つがみんなで　みんなが1つ
心は1つ　森羅万象が1つであり　全体なんだろう
そして　それが神なんだろう

「ねえ、神ってこの世界に存在すると思う？」

「いや、いないね」

「どうしてそう思うの？」

「まず、神が何かが全くもって分からないからだよ」

「神が何か？」

「そう、1人なのか複数なのか、1人とか複数とかすら超越した存在なのかも」

「確かに…いろんな宗教によって「これが神」ってのもバラバラだよね」

「そう、イスラム教ではアッラーの神、キリスト教ではイエスキリスト、日本では八百万の神って言って、自然界に神が宿ってるなんて言うよね」

「シルバーバーチは神は宇宙をつらぬく法って言ってるよ

ね。そう言う意味では、日本古来の考えに近いのかな……でも人間が進化して次の段階に進んだ存在の事も神々なんて言うよね」

「だろ？　こんな風に、人の言うことによって、神の概念がバラバラなんだよ。それにａの言う神とｂの言う神がくい違ってるなんてこともあるだろ？　だからきっと神なんてものは存在しないで、森羅万象の全ての流れがランダムに流れてるその流れの中に僕らが存在してるだけに過ぎないんじゃないかな…」

「うーん…でも本当にそうかな…きっとそれだけじゃない気がするんだけど……」

「そう思う根拠は？」

「いや…特に無いんだけどね。直感だよ……って言うか本能かな……」

「なにそれ」

「じゃあ今までに存在してるいろんな神をとっぱらってさ、神は宇宙を創造した全知全能の存在だって仮定してみようか……」

「仮にそんな神が存在してたとすると、そいつは相当趣味の悪いヤツってコトになるよ……」

「どうして？」

「今の世の中見てみなよ。自然破壊に国際問題に人心荒廃、戦争は絶えないし、まるで苦痛のオンパレードだろ？　それに栄養失調で死んでいく子供達は一体何の為に生まれてくるのか？　気が狂うまで想像をぜっする程の苦痛を味わう人とかだっているだろ？」

「人に苦しみが存在するのは成長する為、今地球全体がこんな苦痛にみまわれてるのも地球が一皮むける為なんじゃないの？」

「そこが趣味悪いって言うんだよ」

「どうして？」

「だって神は全知全能なんだろ？　だったら最初から苦しみを味わいながら成長していくプロセスなんてとっぱらって、みんながみんな幸せな完璧を創造すればいいじゃん。娯楽で人間が苦しみもがく姿を見て楽しんでるって思われても仕方ないぞ、それじゃあ」

「みんながみんな幸せな完璧って一体なんだろうね……」

「……」

「思うんだけどさ、神は人間の自由意志にまかせてるんじゃないの？」

「どういうコト？」

「人間はもう常に母親が側に立って面倒見なきゃしょうがない赤ん坊じゃないってコトだよ」

「なにそれ……」

「たぶん、神もある程度まで人類が進化するまではつきっきりで人間の面倒見てたんだろうけど、人間もある程度まで進化してもう手もかからなくなったから、自由意志なんてものを与えて旅をさせて成長させようとしてるんじゃないかな……」

「じゃあ、地球が今こんな状況なのも、気が狂うまで苦しみを味わう人がいるのも、戦争が絶えないのも、人間が自分でそうしてるってコト？　神はそれを知ってて、あえてほったらかしにしてるってコト？」

「そう、人間の自由意志にまかせてるってコト。その証拠に人間はすごく酷いコトするよ、奪ったり、殺したり、騙したり。でも反面与えるコトも出来るし、困ってる人を助けるコトも出来るし、愛情だって持てる。その２面性の部分に人間成長のカギがかくされてる気がするんだ。だって、どっちが正しいかなんて誰だって１目リョーゼンだろ？」

「じゃあ、なんでみんな正しい事しないで悪いコトばかりするんだ？」

「そこが人間がまだまだ子供の部分なんだよ。エゴなんてものが存在してるからね。人間誰だって自分が一番カワイイんだよ。だけどそのエゴが地球をこんなにしたんだ。みんなそこにそろそろ気付かなきゃいけないね」

「ところで、話戻るんだけど、君が思う神って一体何なの？」

「神は、おそらく、個の集合の連鎖の先にある形と、そこに宿った意識の事だろうね」

「なにそれ？」

「君の体は何から出来てるの？」

「細胞」

「細胞は何から出来てるの？」

「分子かな？」

「分子は何から出来てるの？」

「原子」

「そう。原子が物理学的に言う物質の根源だね。実は原子は原子核と電子から出来てて、原子核は中性子や陽子や陰子から出来てて、それらはクオークやレプトンから出来てるんだ。これらはもう物質とは言えないんだけど、そこで、人間も例えば、何かの細胞とか、あるいは原子だったらって……考えてごらん？」

「人間が赤血球だとすると植物は白血球かな……」

「うん、風はもしかしたら、血液の中のリンパ液かもしれないね。それで、人間が1つの細胞になって構成してるのが、地球っていう、1つの生物だろ?」

「そうなるね」

「でも、地球ももしかしたら何か１つの生物の１つの細胞かもしれない。そうなると人間は、何か１つの生物の１つの細胞のの１つの原子ってコトになるね」

「その何か１つの生物が銀河？」

「そうだね。銀河。そして銀河が１つぶの細胞になって構成してるのが宇宙。そして宇宙が１つぶの細胞になって構成してるのが……」

「それが神？」

「そう、それが神。だけど、それだけじゃまだ不完全だよ」

「どうして？」

「それだけじゃ、神の体だけだからね。たぶん、神には意識が宿ってるはずなんだ」

「分かった。それがシルバーバーチの言う宇宙をつらぬく法なんじゃないかな」

「そうだね。そして、その意識は、神の体の全てに充満してるはずなんだ」

「宇宙にも？」

「そう」

「地球にも？」

「そう」

「木にも？」

「そう」

「1つぶの細胞の1つぶの原子にも？」

「そう。例え、1つぶの細胞の1つぶの原子の1つぶのクオークだって、神の全ての意識を持ってるはずなんだ」

「って事は、日本古来の神の考え方は、その事を言ってたんだ」

「そうだろうね。森羅万象の全ては神の体を構成する部品であり、その1つ1つは、神と同等の意識を持ってるつまり万物は、神そのものなんだ。でも、その中でも人間は少し特別だろうね」

「どうして？」

「人間は神の意識と共に、1人1人が個人の自由意志を持ってるからだよ」

「なる程。そうなると、人間の1人1人が個々の自由意志を神の意識に近付けていく事が人間1人1人の正しい方向性って事になるのかな……」

「そうだね……」

「でも、だとすると、神の意識って一体何なんだろうね？」

「それはおそらく愛だろうね」

「愛？」

「そう、人間の持つ意識の中で、愛って感情をどんどん育てていけば、人間の意識が、神の意識にどんどん近付いていくんじゃないかな……」

「成る程」

「そしてこれは予想なんだけど、人間が本当の愛でもって万物に接するコトが出来れば、万物の中に眠る神の意識も呼びさますコトが出来ると思うんだ」

「どういうコト？」

「前フィンドホーン実験のビデオ見ただろ？　どうして声かけだけで本当にあれだけの結果が出せたのか？　それはおそらく、それをやった中学生の子が本当の愛でもって声かけをしていたからだろうね。本当の愛で声をかけたから、野菜や、それをとりまく自然界の神の意識を呼びさますことが出来て、あの様な結果になったんだよ」

「でも、だとすると、本当の愛って一体何だろうね」

「それは、自分と神が本当に同一存在だって心から思うことだよ」

「って言うと？」

「人間は誰だってエゴがあって、自己愛があって、自分が一番カワイイ生き物なんだ。それは人が絶対に超えられない壁なんだよ。でも神の１つぶの原子、いや、クオーク、レプトンだろ？　エゴや自己愛は悪いコトじゃない。人間が神になって自己愛を持てば、自分も含めた他人も植物も動物も星も銀河も自分の体の原子や細胞だろ？　そうすれば、自分を愛するのと同じ様に他人も植物も動物も星も銀河も愛することが出来る。それが本当の愛なんじゃないかな」

「なる程、そういう事か……そう考えると進むべき方向性がわかるね」

「じゃあ、ちょっとまとめてみようか。これは想像もはいってるんだけど、まず、神は始まりも終りも超越した存在で、どんどんどんどん無限の愛でもって成長し続ける存在なんじゃないかな……。そんな中、神の体の１つぶの生命原素だったこの宇宙も成長してきた。星や銀河が出来て、太陽系が出来て、地球が出来て、やがて地球上に生命が誕生して、どんどん進化して、人間が誕生した。人間がある程度まで成長した所で、神の意志のある作用が働いて、人間に自由意志やエゴや自己愛が芽生えた。人間はそのことにより、急速進化が可能になったが、そのコトが逆に地球を滅亡すんぜんまで追い込んだ。それが今の状態だね。このままじゃ地球がダメになっちゃうから、人間１人１人が持ってる自由意志を本来そなえてる神の意識と合体させて万物に本当の愛でもって接する。そうすれば万物も神の意識を取り戻すから、みんながみんなで、本当の愛でもって、みんながみんな本当の幸せになれる様に、世界全体を幸せの方向に導いていくそれがこれからの方向性だね」

「出来るかな？」

「出来るよ。本来全てがそうである様に、流れていく流れの中にみんながいるから」

1つの原子の集まりが分子である様に
1つの分子の集まりが細胞である様に
1つの細胞の集まりが肉体である様に
1つの肉体の集まりが星である様に
1つの星の集まりが銀河である様に
1つの銀河の集まりが宇宙である様に
1つの宇宙の集まりが神であり
神は1つの宇宙にも存在し
神は1つの銀河にも存在し
神は1つの星にも存在し
神は1つの肉体にも存在し
神は1つの細胞にも存在し
神は1つの分子にも存在し
神は1つの原子にも存在する

7 リョウレポート 夢から幽体離脱そして霊の出現

気付きについてです　　――2008.11.1提出

「人類みんなで手を取り合って協力してみんなが住みやすい地球にしよう」という趣旨の言葉を良く耳にします。一見明るく前向きな言葉に聞こえますが、それは違うんじゃないかと思う様になりました。人間もふくめた全ての動植物、空、星、海、空間、全ての存在は、その全ての存在が何らかの形で関連し合っていて、その関連性無しには何一つとして存在する事が出来ないと気付きました。地面が無ければ立てません。地面があっても重力が無ければ立っていられません。太陽が無ければ暗くて何も見えません。空気がなければ呼吸出来ません。植物がいなければ、空気はキレイにならず、動物達は飢え死にしてしまいます。さき程の言葉は、これら全ての自然界の関連性が、人類だけの為に働いていると思ってる人達の言葉なのではないかと思いました。自分自身、あたり前すぎてそう思っている事に気付く事が出来ない程にそう思っていました。なんて罪深い事をしてきたのだろうと思いました。人類は、これだけ自然界から与えられてきていながらさらに奪い、何一つ自然界に返そうとはしてこなかった様に感じられます。人類が存在する意味とは、本来、他の動物達には無い頭を使い、自分達の幸せを後回しにしてでも、他の動植物や、空や風や自然が、どうすれば幸せになれるのかを真剣に考え、そうなる様に行動していく事なのではないかと気付きました。

どうして人類はここまで闇のエネルギーをためてきてしまったのだろうと考えました。物質社会の作り出したエネルギーが、人類に作用し、欲にあふれ、悪感情も増加し、精神疾患者や自殺者は年々増える一方、自然は破壊され、自然災害は増え、戦争は絶えない、もうあと一歩で地球がつぶれてしまうところまで来ていると思います。どうしてここまで……と考えて気付きました。実は人類が、長い年月をかけて作り上げてきたここまでも巨大な闇のエネルギーは、本当は闇ではなく光のエネルギーだったのではないかと。プラスかマイナスかの違いでエネルギーの絶対値は変わらず、ギリギリの所で、マイナスをプラスの変換し、光に変わった巨大なエネルギーを地球や宇宙の為に使う。その為に、人類は自分達では気付かないまま、長年にわたり、ここまでも苦しんできたのではないかと思いました。悪とは本来善の一部であり、善を増加させる為のブースターの役割りをしているのが悪なのではないかと思いました。（筋トレは、筋肉に負荷をかけて筋肉をわざと苦しめ増大させますが、その負荷の役割が悪なのではないか？）しかし、闇が光に変化せずこのまま闇に飲み込まれてしまったのでは元も子もないわけであり、闇を光に変える決め手が重要なのではないかと思いました。その決め手にあたるものがリラ自然音楽なのかなと思いました。

いくらこんな事を考え、わかった所で何も行動しなければ、何の意味もない訳であり、何をどう行動すればいいのか真剣に考えたいと思いました。

セラピーの反応現象についてです

10月26日（日）　かけていたＣＤ「マカバリラ」
明け方夢を見ていました。50m四方位の夜の公園で、左右に数本のけやきの木がはえていて、その間を走りぬけていました。突然「けやきの木に話しかけよう」という気になりました。その途端、意識が夢から現実へと移り変わってゆき体が下方へと沈んでいき、暗い空間内を漂う、幽体離脱の状態になりました。その状態で、自分のフトモモを手で触れてみたら、すり抜けてしまい触れる事が出来ませんでした。かなり時間がたっても体に戻る事が出来ず、「このまま戻れなくなったらどうしよう」とだんだん不安になってきました。それと、「今日はいつも体にまとわりついてくる霊の様な存在がいないな」と思ったら、そう思う事を引き金にしたように出現し、まとわりつかれ、匂いをかがれました。出現の仕方が、離れた場所から近付いてきて、くっつかれるといった出現の仕方ではなく、元々体にくっついていたのがその存在に気付いていなくて、だんだんと存在が具現化してきたといった感じの出現の仕方でした。しばらくしたら体に戻れました。

10月29日(水)　かけていたCD「マカバリラ」

夜、なんとなく金縛りに合いそうな雰囲気を感じつつもなんとか寝ようとしていたのですが、案の定金縛りに合ってしまいました。金縛りに合った瞬間に、目を開き、何とか解こうとしたのですが、幽体がズルリと体からぬけ出てしまい、幽体離脱の状態になってしまいました。背中にゴムの様なものを付けられ、たて方向にグルグルとまわされる様な体感を得ました。しばらくしたら戻れました。その後も寝付く事が出来ず、幻聴が続きました。「ガー」「ピー」「ガタン」「パン」等の音。また金縛り状態になりましたが、今度は解く事が出来、寝る事が出来ました。

2008年11月2日　セラピーの反応現象です

11月2日（日）　かけてたＣＤ「愛を語る夢のむこうで」

夜、寝ようと思って布団の中に入っていたら、映画のＥＴの顔や、暴走族風の男の顔等の幻視がたくさん浮かんできたので、これは金縛りに合いそうだなと思っていました。運よく寝る事ができたのですが、悪夢を見ました。内容は５～６人位の仲間と共に町中で何者かに追われていて、逃げ回っているのですが自分は助かりたいあまりに１人の仲間をおとりに使い、犠牲にして逃げます。しかし、最後に捕まってしまうといった内容のもので、夜中に目が覚めました。目が覚めてからは、ＣＤの音楽に合わせて「ピンポーン」という音が、ずっと鳴っていて、音源を考えたのですが夜中にそんな音が鳴っているはずがないので、幻聴だなと思いました。その後寝付く事が出来たのですが、また悪夢でした。内容は、レストラン風の場所で黒人と向かい合って食事をしているのですが、店に入ってきた黒人の人とその人が喧嘩になり、店に入ってきた方が自分と食事をしていた方をピストルで撃ちまくり、蜂の巣にします。自分と食事をしていた黒人は、頭にも５～６発銃弾をくらったにもかかわらず死なず、ものすごい形相で立っていて、自分も被弾したらしく、お腹に衝撃を受けました。その後、頭にもくらったらしく、衝撃と共に目の前がまっ暗になりました。それを引き金に、意識が夢から現実へと移行し、幽体離脱の状態になりました。暗い空間内をグルグルと動きまわっていたのですが、意識があまりハッキリとしていなくて、半分夢のような状態でした。「ジーティーオーを聞け」という声が突然聞こえ、その2秒後に、携帯の目覚ましが鳴りました。誰かが目覚ましが鳴るのを教えてくれたのかなと思いました。でもなんで「ジーティーオー」なのかなと思いました。

2008年12月5日　幽体離脱？　それとも覚醒？

「もしかしたら瞑眩反応（注、リラ自然音楽セラピーの特長であるセラピー後に起こる一時的な好転反応）かな？」と思う様な反応がありました。

夜、なぜか急に「マカバリラ」のＣＤが聴きたくなってきたので、聴いていたら、眠くなってきたので「まあいっか、まだ寝るには早いけどこのまま寝るか」と思い、ふとんに入って電気を消しました。目をつぶってセラピーを受けてる様な感覚になっていたら、いつもセラピーでなる様に口の中や、体の皮フの内側で何かがグニャグニャと動きだし、くすぐったい様なシビレている様な感覚になったので、「そういえば、いつもこうやってグニャグニャ動いてるのは、体の媒体のどこなんだろう？　幽体かエーテル体なのかな？」と考え出し、「そういえば普段の覚醒状態でも肉体にいろんな媒体が重なってるんだよな……。もし覚醒状態で、全意識を例えば幽体なら幽体の意識に、完全移行させたらどうなるんだろう」と考えてしまい、その状態をイメージしてみたら、幽体離脱の状態になってしまいました。視界は暗かったのですが、その状態で、尾てい骨が強力にムズムズして、強い力が加わり、体が左に回転していきました。回転速度を計ろうと思ったのですが、遅い様でありだいぶ速く、よく分かりませんでした。それが終わり、目が覚めると、部屋は明るく、ふとんの上に立ったり何かしていたのですが、よく覚えてません。「とりあえずもう一回寝るか」と思ったのは覚えていて、寝たのですが、また先程と同じく、尾てい骨が強力にムズムズして、体が左に回転する状態になりました。それが終わると、（おそらく）男の霊が来て、後ろから首をしめられ、後頭部をなでられました。「ああ……やだな」と強力に思ってしまいました。大きさがだいぶ大きく、自分が小学生だとすると、大人にそうされている様な感じでした。それが終わると「ハッ」と目覚め、ふとんの中で、部屋がまっくらの状態でした。「そういえば寝る時電気消したんだっけ」と思い出し、「だったら、さっき目覚めた時部屋が明るかったのは、まだ幽体離脱の状態だったのかな」と思いました。

2008年12月17日　買った古本に感応した霊に襲われる（？）

夜寝ていたら、幽体離脱状態になり、かなり危険で邪悪そうな霊におそわれました。首の部分にからみつかれ、自分の顔面の10cmくらいの所で口を開け「ハァーッ」と得体の知れない息をふきかけられてる感じがしました。だいぶ危機感と恐怖感を感じたので、もがき、手で相手の手を振りほどこうとしたり、相手の口をグイッと押したりしたのですが、全くパワーが出ず、どうしようもありませんでした。相手の霊は、自分をかかえたまま、暗い空間をかなりのスピードで飛び回り「このままどこかにつれていかれちゃうのかな」と思いました。「体に戻れ、戻れ」と念じていると、体に戻りました。しかし、そこは母親の寝室で、母親とふとんを並べて寝てました。これは有り得ない事なのですが(自分は自分の部屋で寝てるので）なぜか有り得ないという事に気付かず、それがあたり前だったかの様に、おき上がろうとしました。しかし、まだ左半身に霊がベッタリと付いていて、かなりパワーを出さなければ、動けず、声も出せませんでした。なんとか母親のそばに行き、足でツンツンとやって起こして、「今かなりヤバそうな霊がついてるんだけど」と言いましたが、うまくしゃべれなかった為、母親は「え？　何？」といった感じでした。「いや、霊!!　霊!!」と、言うと「え？　霊？」と、少し心配そうな顔になりました。その瞬間、母親の顔がグニャーッとゆがんでいき、自分の部屋で本当に目覚めました。その後、また金縛りに合い、幽体離脱の状態になりそうになりましたが、今度は、根性で脱出しました。そして「なぜ？」と考えました。最近はなるべく、愛でもって世の中に奉仕出来る様に努力していたつもりでしたし、実際幽体離脱の状態になっても危険で、気持ち悪いのはなく、むしろ心地よく感じるものが多くなっていたのですが、「どうしてここに来てこんな危険そうな霊におそわれたんだ？」と思いました。そして心当りがありました。あまり認めたくはないのですが、○○○○さんの『○○○○○○○○○○○』（翻訳）（ブックオフで買った）を読んだのが原因かなと思いました。その日は他に２冊読んでいたのですが（手塚治虫『ガラスの地球を救え』、神尾学『秘教から科学へ』）どうして『○○○○○○○○○○○』かというと、ブックオフで買った時に、若干違和感と言うか、イヤな感じを受けたからです。読んでる最中も、内容は素晴らしいと思ったのですが、何か変な感じがしてました。他の２冊はその感じはありませんでした。その違和感のつじつまがその霊である確証は無いのですが、自分の精神レベルが低いのが一番の原因かなと思いました。

パート2　2009年1月〜6月

- 人間進化の始まり
- 癒された人は癒す人〈邪気清掃員!?〉になる
- ヒトが放出する毒(悪想念)の実態
邪霊が注入する毒(邪気)の実態

1 (リョウレポート)

悪宇宙人がつくった邪悪なロボットか？

2009年1月12日　クモ型ロボットの実在！

なぜか頭が覚醒状態で、夜寝ようと思ってもなかなか寝つけませんでした。かなりふとんの中でもがいた後、ようやく寝る事が出来、見知らぬアパートに居る夢を見ました。その夢の中で、邪悪霊の様な存在に襲われ、幽体離脱の状態になりました。その状態になっても景色は変わらず、アパートに居るままで、首根っこをつかまれ、空中を猛スピードでブンブン振り回わされました。相手の顔が、自分の顔のすぐわきにあるのですが、歯で自分の頭をガチガチとやってきて、ものすごく苦痛に感じました。生物的な人体感覚が現実よりも数段リアルで、とにかく苦痛だったので「ヤメロ」という思いで相手の口に自分の手をつっ込むと、今度は、腕をガチガチと食べられました。「戻れ戻れ」と、念じていると、体に戻る事が出来ました。ふと、まくら元に目をやると、15cmくらいの**クモ型のロボット**の様なものが、ガチャガチャと気持ち悪く足を動かしていました。「何だこいつは」と思い、しばらく見つめていると、2, 3秒程で消えてしまいました。これはイメージや幻ではなく、覚醒状態のしっかりとした意識で肉眼で確認したので、どうしてもこの様なものが実在していると考えざるを得ませんでした。悪宇宙人や邪悪軍団がその科学力でもってエーテル質のこの様なロボットを作り、人類に悪影響をもたらしていると考えてもおかしくないなと思いました。

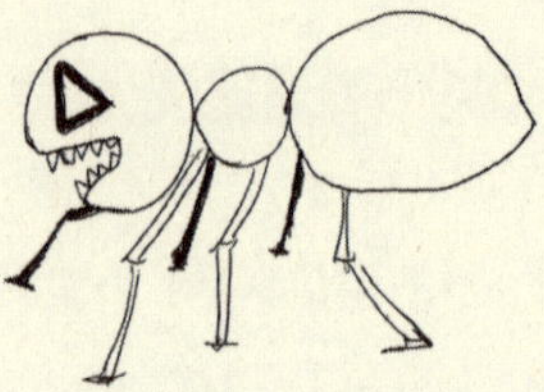

実際はもっとメカニックな感じです。直径は15cm程。色はブラックメタル。ロボットの様に見えましたが、自由意志や感情の様なものも持っている様な感じで、ものすごく邪悪な雰囲気をしていました。足をガチャガチャと気持ち悪く動かしていて、2，3秒で消えてしまいました。

2009年1月21日　狐（動物霊）の除霊実験の夢

以下の内容の夢を見ていました。仕事場の上司に似たキャラクターが出てきて、自分に取り憑いている憑依霊をおい出したいらしく、「これから憑依霊をおい出す実験を始めます」と言い、駐車場の様な場所にベッドがおかれていて、横にさせられました。駐車場の中央にパレットにダンボールがたくさんつまれていて、そのダンボールに上司が何かをグルグルと巻き始めました。最後に御札の様なものをペタリと貼り付けて、「あなたに憑いている憑依霊が、何か私が口にした瞬間現れます」といった内容の事を言いました。上司が「キツネ」と言った瞬間、体に激しい衝撃がはしり、目が覚め、金縛り状態になりました。のどのあたりから、キツネの口の様なものが飛び出し、粘着質のものが、体からものすごい勢いで、上方にグワーッと抜けていく感じがして、体がひっぱられました。本当にキツネだか分かりませんが、だいぶ怒っているらしく、その様な雰囲気が伝わってきました。体は金縛り状態で、その衝撃がすさまじかったので、「早く解けろ」と思い「ウワーッ」と声を出すと、なんとか解けました。

ふと横を見ると、直径15cmくらいの縁と青が混ざった色の球状のものが2つ浮かんでいました。よくテレビとかを見てると出てくるオーブとか呼ばれてるものに似ていました。しばらく（2～3秒）見ていると、しっぽのある2メートルくらいのナメクジの様なものに姿を変え、天井をグルグルと泳ぎはじめました。「何だこれは」と思い、しばらく見ていましたが、前写真で見たサタン（蛇体）に少し似ていたので、だんだん怖くなってきました。しかし、写真で見たサタンほど凶悪なグロテスクさはありませんでしたが、良くもない感じでした。10秒程で消えてしまいました。本当に憑依霊がはずれたのかなと思いましたが、その後心身共に何の変化もないので、イタズラかなと思いました。

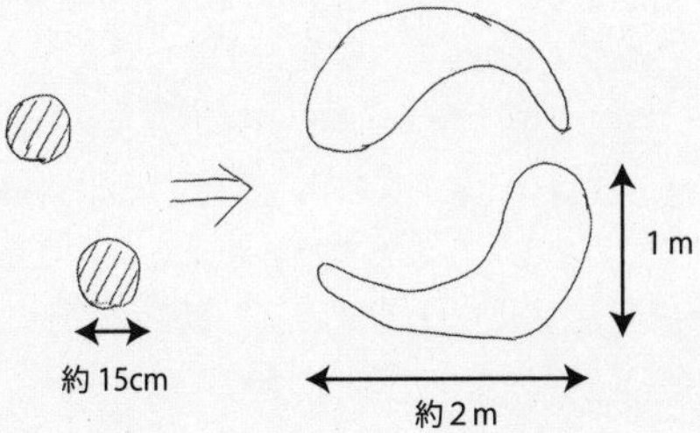

青と縁と灰色が混ざった様な色をしていました。この状態で10秒程天井をグルグルと泳ぎまわっていました。

2 セラピー日記

初級リラヴォイス認定される　2009年2月2日

初級リラ発声・リラ管が出来る（セラピスト記）

山波先生は人間の進化とは人体に柱が出来ることだと、常々説いています。幽体が浄化されるには、下腹（丹田）に溜まる邪気を排出する通路が出来ること、それが出来てくると同時に、神気の通路もつくられていきます。これが人体（幽体、霊体）を貫くリラ管、すなわち人体の柱です。これが通って、人は初めて背骨（バックボーン）の通った人間、つまり動物段階から神の子に戻ってゆく人間進化コースに入るのです。ですから邪気を排出する通路が出来ることは、人間進化の絶対条件です。

リョウさんは、セラピーを受けるだけでなくリラヴォイス発声と黙想正座（生命の樹の瞑想）を目指していて、その努力が実り、2009年2月には、初級のリラヴォイス発声者になりました。初級リラ段階では、まだ細い管ですが、霊体にまで鉛筆の太さくらいの管が出来ます。これが人体の柱（リラ管）です。ということは、細くとも邪気排出のルートが完成したということです。これで、これまで丹田に溜っていた邪気が上昇して排出されるようになります。その変化が、はっきりとリョウさんのセラピーの状況に表れています。

2009年3月14日　鎌倉セラピー（リョウ記）

① セラピーが始まり、おへその辺りから、グニャグニャしたものが胸の方へと昇っていき、口から出ていくのを感じました。その際、みぞおちと胸の辺りでグルグル回転して昇っている感じがしました。

② その後、寝たり起きたりを繰り返しましたが、だいぶよく寝てしまった為、睡眠中の記憶はありません。

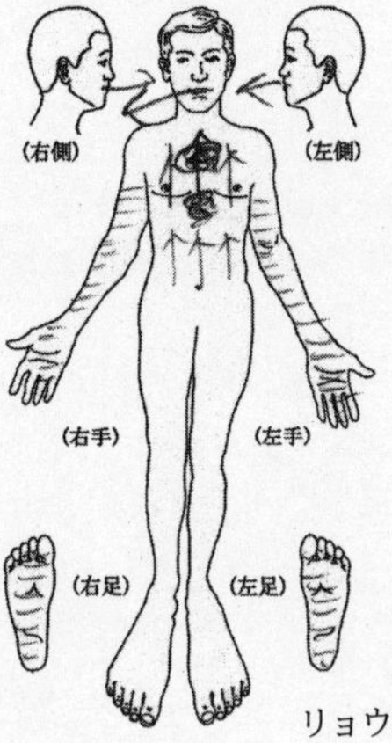

リョウ記

エネルギーの流入と浄化がグングン進む（セラピスト記）

通路が出来ると、邪気はスムーズに排出され、癒しのエネルギーもよく流入するようになるので、リョウさんのセラピーの内容は充実してきます。

2009年4月11日　鎌倉セラピー（リョウ記）

○ セラピーが始まり、すぐに頭頂をグイグイと押される様な感じと、尾てい骨がムズムズする感じを受けました。
○ 両腕で、グニャグニャと激しく何かが動いていて、両指先から何らかのエネルギーが体に向かって注入される、その２つが、開始から終始続いていた様に思います。

○ その中で、意識が夢の様に遠のいたり、また戻ったりと何回か繰り返しました。意識が遠のいている中で起こったビジョンは、あまり良く覚えていませんが、だいたい以下の様な事です。

① 様々なものを食べさせられたり、飲まされたりしました。
② 森の中に複数の人達とインディアンの様なかっこうをしていて、顔についたよごれ（毒素）を川の水でおとしてました。
③ かなり一生けんめい力を入れて、リラの発声をしてました。
④ 左手でそばにある何かをポイッとなげました。他にもあったと思いますが、あとはよく覚えていません。

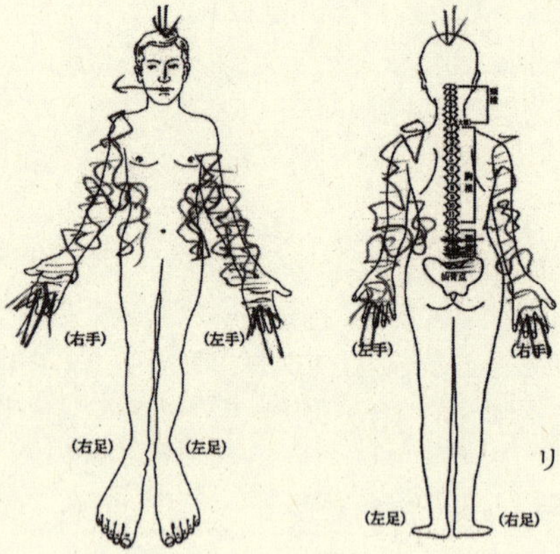

リョウ記

(セラピスト記)

セラピー中終始、頭頂からのエネルギーの注入があり、これは幽体に働くエネルギーと思われますが、同時に両手指先からは植物的エネルギー（肉体・エーテル体を癒す基本的エネルギー）が入り、エーテル体、（肉体）の浄化がおこなわれます。ビジョンの内容から、たしかにセラピー中、肉体、エーテル体、更に幽体、霊体への浄化進化のためのセラピーがおこなわれたようです。

①様々なものを食べる飲むというのは、エーテル体（肉体的）又は幽体の浄化でしょうか。②顔についたよごれ（毒素）を川の水でおとすというのは、幽体の浄化と思われますが、顔についたよごれ（毒素）とは、もしかしたら、リョウさんが一年前、突然心身の異常が起こったことと関わりがあるのかもしれません。その時リョウさんは超能力のセミナーに申し込んで、その日に幽体離脱の状態になり、その時に受けた感触では「右頬にレーザー光線を当てられている様な強力な何かを感じる。そして右頬の皮膚１枚下から媒体の様なものをギューッとひっぱられ、グルグルとまわされる。この日から部屋でラップ音が鳴る様になる」と記していました。この時に幽体の右頬に与えられた損傷の修復、治療と関係があるのかもしれません。③は、リラ発声を進めるための修練のようで霊体のリラ管を成長させることと関連しているのかもしれません。このようにセラピーでは、エーテル体、幽体、霊体の浄化、進化が盛んにおこなわれたようです。

次にあげるセラピーも、やはりこの頃のリョウさんのセラピーの様子をよく示すものです。浄化進化のための強力なエネルギーの注入が幽体を肉体から引き離した状態でおこなわれている様子が、わかります。

2009年5月3日　鎌倉セラピー（リョウ記）

① セラピーが始まり、しばらくはいつもの様に、両手からエネルギーが入ったり、両足がしびれたりしました。
② その後、寝たり起きたり繰り返しているうちに、体中のエネ

ルギーの流れの様なものが激しくなり、幽体離脱しました。ギューンと体が下にジェットコースターに乗っている様に沈んでゆきました。体に戻ると、現実ではない意識の中で、頭から強くエネルギーを背骨に沿って流されました。そのエネルギーが、グルグルと体をめぐり、頭から出てゆき、体を洗われている感じでした。

③ その後、目が覚めたと思ったら、まだ夢の中で、そこではセラピーが終わっていて、山波先生が１人の男性にアドバイスしていました。その人は実際にはいない男の人でした。その後、ちゃんと目覚めました。

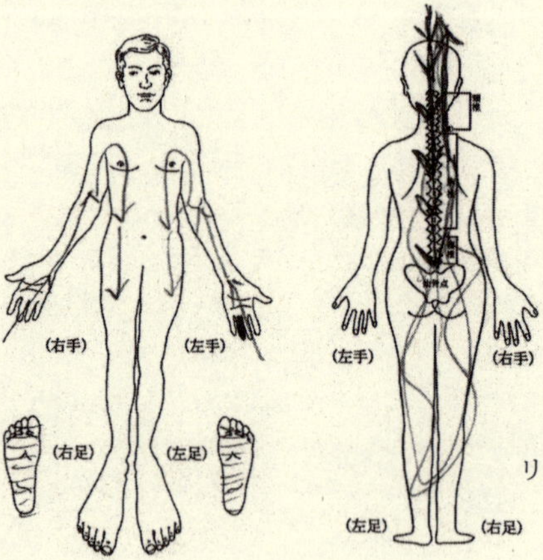

リョウ記

大量の邪気を運んでセラピーで浄化（セラピスト記）

大量に身に引き受け、セラピーで一括浄化、自力浄化はゆっくり

リョウさんはリラ管が出来てそのリラ管が成長していくようになるに従って、大量の邪気を自分が引き受けてセラピーで浄化する、いわ

ゆる「運び屋さん」になりました。運び屋さんは日常、自力で他者《ひと》の邪気を受けとり自分の邪気（幽体の汚れ）と共にどんどん浄化する力まではないですが、他者《ひと》（世界）の邪気を集め（自分の身に一度引き受け）て、セラピー場へ運ぶ位の浄化された器になったということです。

2009年5月23日　鎌倉セラピー（リョウ記）

（免徐）セラピー前に起きる準備反応

今日電車の中で来る途中、東京辺りで、すごく気持ち悪くなり、右肩が重く痛くなりました。

（セラピー）

① セラピーが始まり、右肩の重い部分から何かが溶け出し、口の中の右の奥歯の側から抜け出ていく様な感じを受けました。

② おなか全体で邪気の様なものがグニャグニャと動きまわるのを感じました。

③ 体のいたる所で、媒体が動きまわるのを感じました。

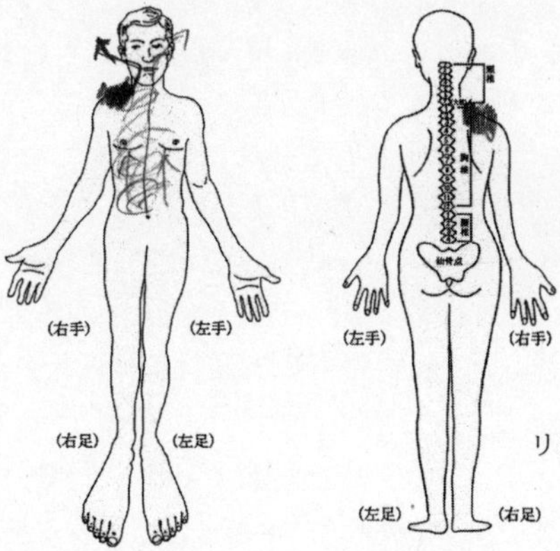

リョウ記

（セラピスト記）

②と③は、邪気が腹から上昇していくいつものセラピーと同じ状況ですが、①は免徐の項にあるように、来る途中東京辺りで、邪気（未成仏霊など）を連れてきて、セラピーで、右奥歯側から浄化排出した様子が書かれています。

３「リラ通信〈特別号〉」を読んでの感想（2009年3月）

リョウ記

長年こう思って生きてきました。「この大宇宙から見て一個の人間が存在することは、海岸の砂浜に存在する一粒の砂粒に等しい。よって、海岸の砂粒一粒が消えても海岸にとって何の意味も存在しない様に、一人の人間が生まれてきて、生きて、そして死ぬ事には一切何の意味も存在しない。それならなぜ最初からこの世界に存在したのだろう？」と。ですが、リラ研に入会してセラピーを続けていくうちにその考えが180度ひっくり返りました。「この大宇宙の海岸の砂粒の一粒にも等しい一点に意識が宿れた事は、心から尊い事であり、いくら感謝してもし足りない程の限り無い喜びである。」と。そして、風や草花や石や虫や魚、森羅万象の全ても同じく一粒の砂粒であり、同時に地球であり、宇宙存在であり心からの同一存在であり、それらが本当に幸せになるその為なら死んでもいいと思う様になりました。

しかし、物質である肉体の壁は厚く、日常のふとした事や、仕事中のちょっとした事でイライラして生命を光り輝かせる「愛」ではなく逆に崩壊させる悪感情を出してしまいます。またエゴを捨てさる事も難しくいつも自分の事ばかりを考えてしまいます。

はたして○○さんは何を想い、何を感じ、何を考え、研究を続けてこられたのだろうか？　今回のLYRA通信を読んでそう考えました。○○さんの論文を一度ざっと読み通し、そしてもう一度印象に残った部分をじっくりと読み返しました。感じた事は、「強さ」「信念」、「純粋さ」、「あらゆる現象に対する敬意」、「謙虚さ」、そして「みんなの本当の幸いを思う愛」です。これは直感ですが、おそらく○○さんの頭の中では、あらゆる不思議な現象の点と点が繋がり、一つの大きな理論体系が何個も出来ていたのではないかと思います。そして、これらの論文はその中のある部分部分の一つ一つの現れではないかと。心の深い部分で理解したある形を文字という形で物質世界に降下させる作業は非常に難しく、それが深い所にあればある程困難になります。ものすごく素晴らしいと感じたのですが、それを形造る「基」となる原料は一体どこから来たのだろうか？

古い「リラ自然音楽」を読み返していて、○○さんはアダルトチルドレンだったとどこかに書いてありました。○○さんとは会った事も話した事も無いのですが、それを読んで一方的に親近感を感じていました。アダルトチルドレンとは、機能不全家族で育った人が大人になってから引きおこす心の障害の事です。機能不全家族とは、家庭に問題があり、子供が子供の頃から大人の心で居ないと成り立たない家族の事です。その為、その子供は大人になってからも子供のまま成長していない心があり、社会で生きていく中で地獄の苦しみを味わう事になります。そういう人の多くは、子供の頃からその苦しみの為に、「生きる意味とは？」「生まれてきた意味とは？」「この世界の構造は一体どうなってるのか？」といった数々の疑問を真剣に深く考える様になります。〇〇さんもおそらくそうだったのではないかと思います。これらの数々の疑問をどうして考えるかというと、それは苦しみの意味を知りたいから、つまりは自分の為なのですが、おそらく魂が成長するにつれて、自分の為から世界の為、みんなの本当の幸せの為へと感情がシフトしていくのではないかと思います。〇〇さんは、「みんなの本当の幸いの為」それだけの為に真理を求める求道者の気概を持って一歩一歩研究を進められればと思います。」と言っています。ですが、その考えに到る根本の材料はやはり、小さい頃から味わってきた苦しみだと思います。

その苦しみの正体とは一体何なのか？　考えてみて一つの考えを思い付きました。例えば、海が黒く濁っていたらサンゴ礁が闇を吸い取り、光に変え、海を透明にしていく様に、人間には物質世界の闇を吸い取り、光に変え、物質世界を透明に美しく、幸せにしていく役割があるのではないか、と。その機能が強い人は器の大きい人であり、より多くの苦しみを吸い取ります。それがその人の役割であり、存在する意味であり、生まれてきた意味だと思います。〇〇さんは、アダルトチルドレンという心の障害の闇を、数々の素晴らしい研究論文という光へと見事に変え、世界の幸せへと貢献しました。心から尊敬します。おそらくあちらに行ってからも仕事があり、甘えてはいけないと思いますが、ほんの少しだけその心の力をわけてほしいと思ってしまいます。物質世界にはまだまだ仕事が山積みであり、それはまだ物質世界に生きてる人が取り組んでいかなければならないのだと思います。

この間植物に、「植物さん、あなたにとっての本当の幸せは何なの？　何があなたにとっての幸せなの？」と聞いてみたら、「みんなが幸せになる事が私にとっての幸せなのです。だからみんながみんな限り無く幸せになって下さい。それが私にとっての幸せなのです。」と言われてしまいました。みんなの幸せが何か知りたかったからとりあえず植物に聞いてみたのですが、植物はみんなの幸せが幸せだって言ったのです。「みんなの幸せって一体何なんだろう？」分かりません。〇〇さんは「みんなの幸せの為」に、おそらく命をかけて一心に研究を続けてこられて、今もあちらで続けておられると思います。「みんなの本当の幸いのため」に自分に一体何が出来るのか？　〇〇さんの様に強く、純粋に、謙虚に、物質である肉体やエゴの心に決して負ける事なく一瞬一瞬を全生命をかけて、「みんなの本当の幸いのため」に生きていきたいと思いました。

一つの銀河と、一粒の粒子が心からの同一存在である様に、神様、「みんなの本当の幸い」の為に、それだけの為に生きていきます。

パート3　2009年7月～8月

- 装置がとれた!!
- 人間進化を阻止する装置の実在
- 霊の実態に迫る体験と観察

1 （セラピー日記）

セラピーで装置がとれる、銀線リラ発声へ 大量の邪気を浄化する

2009年7月4日　鎌倉セラピー（リョウ記）

（注）リョウさんは魂（幽体）を浄化する力、すなわち邪気を排出する力がどんどんついてきました。次の7月4日のセラピーでは、大量の邪気を電車の中等で引き受け、セラピーやリラ研の講座で浄化している様子がわかります。

① 今日来る途中、電車の中でものすごく大量に体の中に邪気の様なものが進入してきました。（実際にかは分かりませんがそう感じました）

②「ネオ・スピリチュアリズム輪読会」講座の最中にそれらが頭や口から抜けていき

③ 今回のセラピー中、その残りが大量に抜けていきました。物質次元でないからこんなことがあり得るのかと思いました。**たとえば1ℓのペットボトル容器に10ℓの水は入りませんが、その様なことが体中でおこっています。**今回のセラピーでは始めから終わりまでその状態が続きました。

（セラピスト記）

大量の邪気を引き受けて、日常生活の中で自力で少しずつ浄化させている状況もリョウさんは記しています。「電車の中や仕事中に、体の中に何かがものすごく大量に侵入してきて、それは時間をかけて頭や口から抜けていく。」

また「邪気」についてリョウさんは、重要な観察と分析をしています。邪気は邪霊におそわれると、邪霊が意図的に注入するか、又は自然に

侵入してくるところの、実体をもった生きたエネルギー体です。そしてそれは同時に悪想念（思想）そのものであり、或る霊的存在そのものである場合もあるようです。「グニャグニャ」して、思想感情であり、実体をもった生命エネルギーである邪気は、確実に人の幽体を汚し人格を悪化させたり傷つけたりします。

「週に２度程、邪霊に異空間にひき込まれ、体にまとわりつかれました。体に戻ると毒素の様なものが大量に体の中に入り、時間をかけて口や頭から抜けていく。

頭の中に送られてくる或る想念通信。それを送ってくる「何か」の存在。自分に元々あるコンプレックスや願望と、それらが合わさり、心の中に或る想念や感情が発生する。他人の不幸を思う気持ちや、「失敗しろ」と思う気持ち。本当はこんな事思いたくないのにと思います。」（同じ７月４日セラピー報告）

人間は誰でも幽体を浄化していくと、邪気の排出浄化を自力で出来るようになっていきます。すなわち人体の柱を成長させていけば、大きな浄化力がつきます。リョウさんもそういう次の段階へ進んでいきます。

邪気を自力浄化し、スピードアップ

装置がとれ、銀線リラ発声

リョウさんは７月５日のセラピーで、幽体につけられていた装置がはずされたのではないかと言っています。リョウさんが書いた当日のセラピー報告には、セラピー中眠っていた夢の中で、チップの様なものが目の前にあり、それが窓の外に飛んでいったと書かれています。セラピー中の夢は単なる雑夢ではなく、セラピー現象として意味のあるものと考えられますが、リョウさんは自分のセラピー中の現象は、できるだけ客観的姿勢で記録をしていて、自分の主観的断定的判断は避けています。それでも、セラピー中の夢で見た装置が、本当に自分に取りつけられていたものだと感じたのは、この装置がとれた7月5日以降、邪気が口からだけでなく両肩、首の後ろ、背中、咽喉、あるいは丹田から気泡のように浄化排出されるようになり、セラピーではなく自力での浄化もスピードアップしたからです。装置は幽体につけられた本人の想念をコントロールする装置、ないしは記録装置のようなものらしいですが、このように装置と邪気の排出、すなわち人間の進化とは、直接つながっているといえます。またこの装置がとれた後、すぐリョウさんは銀線リラの発声が認定されました。

2009年7月5日　鎌倉セラピー（リョウ記）

始まってすぐ寝てしまいました。寝ていて、夢の中のホールでの出来事を覚醒状態と感じていた様に思います。山波先生がバーチの言葉を自分で朗読されてました。それがどういうわけか、ふざけて読んでいる様に聞こえました。（中略）（幽体離脱の状態になり）飛びまわっていたら、体に邪霊の様なものが具現化してきて、絡みつかれました。下の方にグングンつれていかれ、一番下につきました。工場の様な場所で、相手の姿が現れてきました。目のつり上がったロボットの様な男でした。恐怖を感じ、上に飛び上がって逃げようとしたら追ってきました。「そうだ目を開こう」と思い、目を開いて目を覚ますと、チップの様なものが目の前にあって、ピューンと窓の外に飛んでいきました。とても恐怖感を感じました。

（セラピスト記）

リョウさんが覚醒状態と思っていた、セラピー中の夢の中のホールでの出来事とは、幽体での記憶と考えられます。山波先生の朗読がふざけて読んでいるように聞こえたというのは、既にこの時リョウさんは邪霊の憑依感応状態であった（そのためにチップのコントロール装置が働いていた）ということです。その後その邪霊が具現化してきたとあるので、このセラピーではまさに（セラピーの浄化作用によって）この邪霊がリョウさんにつけた装置をはずす作業がなされていたのではないかと思われます。この邪霊はリョウさんによると、悪質宇宙人系のものではないかということで、以前関心をもちセミナーに申し込みをした超能力関係の某研究所のバックの霊的存在と感じられるようです。

リョウレポート

セラピーで解除された装置のこと　2009年8月2日提出

いつだか忘れてしまいましたが（注、7月5日 鎌倉セラピーの事)、前に受けたセラピーの出来事で、もう少しくわしくセラピー用紙に書くか報告出来ればよかったなと思う事があったので、報告します。

幽体離脱状態になり、目のつり上がった無表情の男におそわれた事がありました。印象的に、おそらく、科学で世界を支配しようとしてる組織の霊かなと思いました。体に戻り、顔の前を見ると、チップ（ディスク、何かを記録しておく為のもの）が、バリバリと、電気を帯びた様になっていて、窓の外にギューンと飛んでゆきました。それが取れてから、急に、体からたくさんグニャグニャとしたものが出る様になり、精神的に若干変わった気がするので、何か意味があるのかなと思いました。そのチップは何だったのか？　ですが、これはまったくの個人的な印象なのですが、おそらくクンダリーニの時から体に付けられていた装置（何かを記録するもの）で、ここでのセラピーの様子が、もしかしたら記録されていたのかなと思いました。つまり、組織の連中が、ここでのセラピーの様子を知る為に、意図的に取り付けたのかなと思いました。それがこの間取れたのかなと思いました。全くの印象から受けた想像なので、一切あてにならないと思いますが、念の為報告します。

装置とは何か（山波言太郎）

もちろん見えない存在の何者かが、意図的に人の体（幽体）に挿入し取り付けたものです。マサカ？ と私達は思います。(それはその装置は幽質だから見えないし、とり付けた存在も幽質だから見えないためです）。しかし、現実にはこの「リョウレポート」で分かるように、少なからぬ人にもしかしたら挿入され取りつけられているかもしれません。この装置によりマインドコントロールされたり、想念をキャッチされ記録されているかもしれません。ままならぬ世、ままならぬ人の心、己が心、ままならぬ運命など、嘆く原因の一つがこのような装置にあるのかもしれません。

2009年7月25日　遠隔（在宅）セラピー

7月18日銀線リラ認定、邪気排出浄化のスピードアップ（セラピスト記）

銀線リラが発声できるようになると、日常でもかなりの浄化力が出てきています。リョウさんの7月25日の報告書の中に、前回（1週間前）のセラピー後（瞑眩）には次のように各チャクラから邪気がどんどん湧いてきても、邪気が抜けるスピードが、以前は丸1日かかったのが、今回は瞬間的（数秒）で抜けたとあります。また邪霊におそわれても、以前程酷くやられなくなったとも書いています。自力の浄化力がついてきたことと、リョウさん自身幽体が浄化されてきたので波長が高くなり邪霊と波長が合いにくくなったのでやられ方が変化してきたのだと思います。

2009年7月25日　遠隔セラピー（リョウ記）

（前回のセラピー後に起きた反応について）グニャグニャとした邪気の様なものが体の中に無限にわいてきて、口や両肩、首の後ろから上方に向かってたち昇っていく状態が3日程続きました。こんなに無限に一体どこからやってくるのだろうと疑問に思い、よく観察してみたら、ノドや胸や腰のチャクラから出てきてるらしい事が分かりました。また週に2度程邪霊におそわれましたが、前程ヒドくやられなくなりました。邪霊におそわれると体の中に異物が混入するのですが、それが抜けるスピードが上がった気がします。前は丸1日かかりましたが、今回は瞬間的に数秒で抜けました。

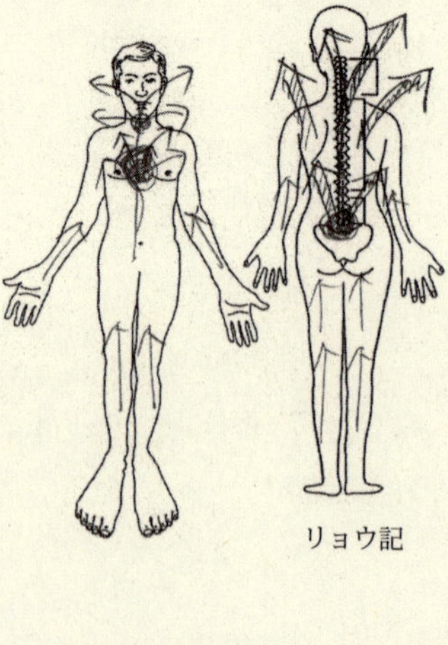

リョウ記

2 リョウレポート 邪霊をタイプ別に分類する

2009年7月28日　10mの黒い霧の蛇体

夜寝ていると、違和感を感じました。起きてみると、10mくらいの、黒い霧で出来た蛇体が、ウネウネ充満していました。10mは、質量的に部屋に入らないのですが、部屋を突き抜けて、覆って存在している感じでした。「どうしようかな」と思いましたが、とても眠かったので、そのまま寝てしまいましたが、普通の内容の夢を見ただけで、何もありませんでした。寝ている時に邪霊に感応されている時は夢の中の世界が暗くなり、内容も恐ろしくオドロオドロしいものになり、苦しくなるので分かります。最近は、夢に侵入されるケースが多いです。

2009年8月1日　黒い霧→人形《ひとがた》→球体

夜寝に入る時、とても違和感を感じました。起きてみると、黒い霧の様なものが、部屋中充満していました。「どうしようかな」と思いましたが、とても眠かったので、そのまま寝てしまいました。夢を見ていましたが、夢の内容が、だんだん暗く恐ろしいものになってきたので、「これはおかしい」と思い、目覚めました。見ると人形をしたもの（黒い影で出来ていて、身長160～170cmくらい）が、ベッドの脇に立って体に何かしていました。1秒くらいですぐ煙の様に消えてしまいました。

「どうしようかな」と思いましたが、ものすごく眠かったので、寝に入ろうとすると、今度は直径30cmくらいの球体のものが顔にスッポリとかぶさってきて、体に侵入しようとしてる感じでした。金縛り状態だったのですが、精神エネルギー（世界の万象は神から分かれた１つ１つで、どうせお前も草や木と同じその１つで世界と一体なんだからあきらめろと強く思う）を送り込むと、抵抗されましたが、もっと強く念じると体から離れました。黒く点滅した感じで部屋の中を動きまわっていたので、「どうしようかな」と思いましたが、眠くて何かする気にもなれなかったので、ＣＤ「大祓」をリピートして寝てしまいました。その後何もなかったので2、３時間後くらいに起きて消しました。

邪霊の分類です

(94 ～ 95 ページに表を掲載)

2009 年 8 月 5 日　夢と現実がリンクしていた

霊に襲われました。この日は、寝る前から、浮わついた気分（人をバカにした様な気分「どうでもいいよ」みたいな気分）だったので、「多分霊が来るかな」と思ってました。こういう精神状態の時は高確率で霊におそわれます。この様な精神状態だから霊が来るのか、「この日に襲う」と決めている霊が感応してくる為にこの様な精神状態になるのか、どちらのケースもあるのか、それらの混合か分かりませんが、邪霊におそわれる日は、昼間等でも霊の感応の様な空気を感じる場合があります。

こんな気分じゃ読まない方がいいかなと思いましたが、何も考えない様に気を付けて、「バーチの言葉」と「神の子の祈り」を読みましたが、しっかりと読めませんでした。

電気を消して、目をつぶって寝ようとしていると、唐突に、幻覚（大抵気味の悪い人の顔）、がたくさん湧いてきました。これは霊の感応によるものなので、「まずいな」と思い目を開けると、案の定ヘビ（1～2m位）が、2匹程いました。「どうしようかな」と思いましたが、「まあいっか」と思い寝ました。普通に寝て夢を見ましたが、夢から空白の時間を過ぎて、ふと気付くと、霊にピッタリと体に密着されてました。

(幽体をおさえつけられている為にそうなるのかもしれませんが)金縛り状態で、（上を向いて寝ていて）背中側から幽体を抱きかかえられていて、上方に幽体をひきずり出されそうになりました。「精神エネルギーを送り込もうかな」と思いましたが、眠いし、そんな気分じゃなかったので、必死でこらえました。その際、相手の両腕が見えました。女性っぽい手で子供の様に小さくて、白い手ぶくろの様なものをしてて、手首に、レースのヒラヒラの様なものを付けていました。ゴスロリファッションとかいうものに近い気がしました。そこまでの悪意も感じず、邪気も無く、人霊だかサタンだか自然霊だか分かりませんが、そのどれでもおかしくない不思議な霊でした。こらえてると体からはなれて、黒っぽい球体（20～30cm）をとりました。「どうしようかな」と思いましたが、「まあいいか」と思い、また寝ると、今度は（たしか）右腕から侵入されそうになりました。「どうしようかな」と考え、眠いし、何か出来る精神でもなかったので、「『大祓』は安易に使っちゃまずいし、『マカバリラ』をかけるか」と思い、「マカバリラ」をかけると、その日は朝まで大丈夫でした。

■ 邪霊の分類

	タイプ	出現率	特徴
a.	**人霊**	約30%	男と女といます。大抵寝ていると体にからみついてきて、背中をなめられたりします。これは金縛り状態か幽体離脱状態で行われ、体に戻り、意識が覚醒すると、部屋の中で、人玉（火の玉）の形態でいるケースが多いです。
b.	**サタンタイプ**	約20%	形態はかろうじて人形をとっていますが、ホラー映画に出てくるバケモノの様な感じで、半分ロボットの様でもあり、たぶん男ですが性別不詳です。とても凶悪で、タチも悪く、体にからみついてきて、頭をガチガチとかじられたり、手をガチガチとかじられたりします。最近は、あまりおそわれる事はなくなりました。
c.	**エネルギー体タイプ**	約30%	球体や蛇体がいます。大抵チャクラをグリグリと攻撃してきます。チャクラから体に侵入しようとしてくるケースもあります。

	タイプ	出現率	特徴
d.	**低級自然霊タイプ**	今まで3、4回しかありません。	大きさは小さく赤ちゃんくらいです。手がスベスベしてて、水かきの様なものがついてるのもいました。自然霊はイタズラ好きとよく聞きますが本当にそんな感じで、面白半分でやってる感じです。大抵背中にピッタリとくっついてきて幽体をひきずり出されますが、外の世界（幽界？）がとても不思議で、ミステリアスで不思議の国のアリスみたいな感じです。
e.	**イルミナティー？からの追手の様なタイプ**	今まで2度程	今までに2度程、明らかに科学で世界を支配しようとしてる連中の追手と思われる組織の人間（霊）がいました。1度は一年程前、頭から黒いマントをスッポリとかぶっていて対面してすさまじい恐怖を感じました。 もう一度はこの前のセラピーで、目のつり上がった無表情の男です。
f.	**黒魔術士タイプ**	1回目の銀線リラ判定の前あたりに集中的にやられました。それ以後はありません。	部屋の中が暗く、凶悪な感じになります。人霊とサタンタイプの合の子の様な感じですが、もう少し意志を持っていて、明らかに邪魔しようとしてる感じです。呪文を唱えていたり、天井に「殺」と書いた紙が張ってあるケースが多いです。

霊の感応と関係あるかどうか分かりませんが、(霊におそわれる前に見ていた) 夢と、次の日の出来事が、興味深いと感じたので記します。

仕事の夢を見ていました。自分のラインのハサミが無くなっていました。目の前を同僚 (性格にクセ有り) が歩いてきました。なぜかその人の表情がものすごく憔悴しきっていました。(考えると根拠も無いのですが、多分夢なので) この人がハサミを持ってったんだと思い、「ハサミ返して下さい」と言いました。めずらしく親切に申し訳なさそうに、ハサミを返してくれました。しかし、それは自分の所のハサミではありませんでした。「これ違うじゃないですか、ちゃんと自分の所のハサミ返して下さい」と言いました。その人は、ものすごく疲れきっているのに、どこかからちゃんと自分のラインのハサミを持ってきてくれて、申し訳なさそうに返してくれました。「あんなに疲れきってるのに、どうしてわざわざ探しに行かす様なこと言ったんだろう。別にハサミなんてなくても大丈夫なのに」と思い、申し訳ない気持ちになりました。そこから記憶がとんで霊におそわれました。

実は、次の日の朝、夢で見た人とまったく同じ同僚に、何もしてないのに、唐突にものすごく、バカにする様な態度を取られました。いつもならものすごく頭にきて、1日中その人を恨んでいてもおかしくないのですが、この日は、(嫌な気分にはなりましたが) 一切腹が立たないで済みました。夢とだいぶ似たシチュエーションだったのですが、その人の態度が夢と全く正反対で、苦笑せざるを得ない複雑な気分になりました。でも夢のおかげだなと思いました。

これも関係あるのか分かりませんがその日（霊におそわれる日）の夕方に、生命の樹の瞑想をしていたら、背中でグニャグニャとしたものが激しく動きまわり、上方に抜けていきました。ですが、抜けたのはごく一部で、大部分は体に残っています。

2009年8月10日　他界を訪問？

霊におそわれました。その時の状況です。夜、寝て夢を見ていました。その内容はあまり良く覚えてませんが、夢の中の世界が暗くなり、苦しくなり、丹田の辺りにものすごく変な違和感を感じ始めました。これは確実におかしいと思い、目覚めると、案の定エネルギー体タイプの霊がものすごく強力に、丹田をグリグリしていました。目を覚した瞬間に霊ははなれましたが、丹田にものすごく変な異物が混入しました。（その後3日くらい、異物が取れず、ずっと丹田が、変な感じでした。）その時は眠かったので“何もしないで”寝てしまいました。その後見た夢が、関係無いかもしれませんが、とても印象的に感じたので記します。

サマーランド？
電車に乗っていました。向かい合わせタイプのイスで進行方向に向かって左側の奥に座ってました。窓の奥には地球が半球体状に見えました。その色合いの、あざやかさや、輝き、みずみずしさが、物質世界の比でなく、ものすごくキレイでした。国はどこか分かりませんが、今の地球上には無い、とても不思議な景色でした。それを見て、「この輝きの1つ1つは同時に自分だ、なんとしてもこの世界を守らなければ」と思いました。

幽界下層（地獄）からの脱出口？

そこから記憶がとんで、どこかの駅に着いた様でした。その駅は別に不思議ではなく普通の新宿駅みたいな感じでした。むしろ、日本の東京の駅みたいに空気が悪く、よどんでいて、『ワードの死後の世界』に出てくる、階層が若干上の地獄みたいな感じでした。人はみんなやる気無さそうに、何かをあきらめた感じで、座り込み、タバコをプカプカ吸っていました。自分はそこで仲間とはぐれてしまったらしく、歩きまわって探してました。そしたら「おーいこっちだ」みたい感じで呼ばれました。隠し扉みたいのがあって、そこから上に昇れる様になっていました。呼ばれたままに行くと、仲間が彼女みたいな人といました。その仲間が一体誰なのか分かりませんが。姿は昔の知り合いでしたが、中身が全く別人でした。そしてその場所が不思議でした。空の高い場所にある、屋上みたいな感じで、半径5m くらいのドーナツ状の場所で、下におちない様に冊がありました。半径5m 位の巨大な煙突の上にいるみたいな感じです。景色も、電車の中で見た輝きの世界に戻っていました。そこで仲間も含めて10 人位の人達が、座って指で輪を作って、その中に指を入れる不思議なゲームみたいのをしていました。自分は高所恐怖症なので、恐くて冊につかまってました。

その辺りで、違和感を感じて目覚めました。目覚めると霊（人霊男性）に、体に密着され、背中をベロベロなめられました。金縛り状態だったので、もがいていると金縛りが解けました。ですが、霊がまだ体についてましたし、その感じや雰囲気からＣＤ「大祓」をかけると良いと思ったのでかけて寝ました。2曲目の「邪気大祓」をかけながら心の中で「神の子の祈り」を唱えたりしていると、「グワー」とか「グエー」とか、ダメージを受けている声が聞こえました。それと共に体に密着していたグニャグニャ（たぶん霊）が、激しく動きまわり、溶けていった感じでした。しかし全部は溶けていません。

2009年8月11日　凶悪な邪霊軍団が狙う

夜、寝る前から、**すさまじく危険な、邪霊軍団が狙っている**空気を感じていました。そのはりつめた感じやトゲトゲしさから、これはただごとではない。ここでそのまま寝たら確実に危いと思ったので、(本当はダメかもしれませんが)「邪気大祓」をリピートでかけつづけながら、寝に入りました。

浄化してから寝たのでは時間がかかってしまい、もう夜もおそかったのでこうしました。3時間くらいたって、目覚めて、危険な空気もだいぶおさまったのでもう大丈夫かなと思い、別のCDに変えましたが、その後、何度も霊におそわれていた気がします。すごく眠くて来て何かされても相手にしてなかったので、よく覚えてません。

8月10日、11日ですが、この2日間かけてちょうどクンダリーニの状況報告をまとめていました。それが原因で、妨害するために霊が来たのかなと感じます。まとめようと、**昔のメモっていたノートを見ていた辺りから、邪霊が感応しだした**からです。

3 リョウレポート 「邪霊」を分析探究する

2009年8月14日
邪霊の異物〈グニャグニャ〉3種のちがいと特徴　これは幽体に存在する

霊（人霊）に襲われました。この日は、朝4時頃起きて、近くの山に向かってリラをして、（これはほぼ毎日してます）帰ってきました。いつもはそれから会社に行くのですが、この日は休みだし、眠いし寝るかと思い、寝ているとおそらく9時くらいに霊に襲われたと思います。今までをふり返って、統計的に見ると、どうやら、昼寝をしている時や、朝ちゃんと起きないでいつまでもグダグダと寝てる時に、霊におそわれる確率が極めて高い様に感じます。

気が付くと、金縛り状態で、霊に密着されていました。背中から腰に向かってグリグリとものすごい力で体に侵入しようとしてる様でした。何とか金縛りを解くと、霊ははなれた様に感じましたが、体の中に異物がかなりの量侵入しました。

大抵霊におそわれると、体に異物が侵入するのですが、異物にもいくつか種類がある様に感じます。「**グニャグニャ**」としたもの、「**ザラザラグニャグニャ**」としたもの、「**ブツブツグニャグニャ**」としたもの等です。今回は、グニャグニャとしたものでしたが、前回丹田に入れられたのは、ブツブツグニャグニャとしたものでした。どうやら、おそってくる霊のタイプによって、体に侵入する異物も異なる様に感じます。また、異物の種類によって外に抜けていくスピードも異なる様に感じます。

グニャグニャとしたものは、たいてい、抜けきらないで、体に長く残ります。このグニャグニャとしたものは、電車の中等でも体に侵入しますし、悪感情を持っても体に湧いてきます。

ザラザラグニャグニャとしたものは、1時間位ですぐに抜けます。

ブツブツグニャグニャとしたものは、この間は感じなくなるまで3日くらいかかりました。

グニャグニャとしたものは、生命の樹の瞑想をすると、ものすごく嫌がって、激しく動きまわり、外に抜けようとする様です。セラピーやリラをしてる時もその傾向はあるのですが、どうやら、生命の樹の瞑想が一番強いらしいです。グニャグニャとしたものが体に大量にある時は、たいてい感情的に卑屈になります。感覚や感情がクリアーではなくにごっているという感じです。自分は、「あらゆる生命を守りたい、神様にお仕えしたい」と強く思ってる人間だと思ってますが、それが透明な水だとすると、ドロでにごらされているという感じです。しかし、このグニャグニャとしたものは、多い少ないの違いはありますが、**必ず体の中に一定量あります**。大量に抜けても、どこからともなくやって来ます。一体これは何なのか、ものすごく不思議に思います。

2009年8月15日　CD「大祓」で霊の襲撃を阻止

霊に感応されました。夜、寝ようと思い、部屋を暗くして、フトンに入っていると、霊におそわれる前兆の、張りつめた空気になりました。「これはマズいな、どうしようかな」と思っていたのですが、そのうち「ア゛～」「ヴ～」とか、低い男性の声（霊の声）

が聞こえてきたので、「これはこのままいったら確実に、金縛りに遭い襲われる」と思ったので、「大祓」をかけました。その場はおさまったので、ＣＤを別のＣＤに変えました。何分くらいたったか分かりませんが、ウツラウツラしていると、また霊の感応が始まったので、もう一度、「大祓」をかけました。そしてもう一度別のＣＤに変え、寝ると、今度は大丈夫でした。この日は、次の日がコンサートだったので、「絶対に霊に何かされた状態で行きたくない」と思っていたので、だいぶ神経質になっていました。

2009年8月16日　邪霊が感応した夢、そしてまた別次元へ

霊におそわれました。夜、寝ようと思い、部屋を暗くしてフトンに入っていると、多少霊の感応を感じました。しかし、それが非常にかすかなものだったので、「まあ、大丈夫かな」と思い、寝ることにしました。

夢から幽体離脱状態になり、霊におそわれたのですが、その流れです。

夢を見ていました。そこに至ったいきさつは忘れましたが、気付くとどこかの学校にいました。トイレに行き、用をたしていました。すると、明らかに危ない人が、トイレの床をモップがけしていました。危ない人というのは、チンピラ風の人という意味ではなく、完全に気がふれてる人でした。「こいつは危ない」と思っていたら、その人が床の水を足にピチャピチャとモップでやってきて、挑発してきました。「これはまずい」と思っていると、別の人がトイレに入ってきました。「こいつをおとりにして自分は逃げよう」と思いそうしました。（普段はこういう事はしないと

思いますが夢でしてしまうということは、そういう心があるという事だと思います。）なぜかトイレを出ると外側にカギがありました。「このカギをかけよう」と思うと、どういうわけか、危ない人も「カギをかけて」と言ってきました。カギをかけて、走って逃げました。階段を飛びおりると、その瞬間、視界がまっ暗になり、幽体離脱状態になりました。暗い空間をゆっくりと下に沈んでいってる感じでした。「まずい、はやく体に戻らなければ」と思いました。この状態がモロに霊におそわれる一番危険な状態だからです。水中でサメにおそわれる様な感じです。右肩に、圧迫感の様な変な感じを感じ始めました。「早く体に戻れ」と思ってると、ＣＤでかけておいた「ジュリアの音信」が聞こえてきたので、よーく耳をすまして聴く様にしました。すると割とすぐ体に戻れました。体に戻ると、「チッ」という感じの霊の残念そうな声が聞こえました。（そんなに深手を与えられなかったからだと思います。）部屋を見ると、直径30cmくらいの球体のエネルギー体が飛んでいたので、「邪気大祓」をかけました。肩に異物が侵入していましたが、それはすぐ抜けました。この霊の声が、昨日の声と一緒でした。この霊の声は、前に何度も聞いているので、よくおそいに来る常連だと思います。

邪霊とは異なる次元にまぎれ込む？

関係あるか分かりませんが、ＣＤ「大祓」の「春はかえる」にさしかかった時３人の人の顔が、突然浮かんだのが印象的に感じたので記します。

１人は、母親らしき人のヒザに、うつむいて泣いている４歳くらいの角刈り風の男の子でした。２人目は、もしかしたら、この男の子の母親かな？　とも思われる、目が切れ長の感じの女性でした。3人目は、男の子と女性との関連性は分かりませんが、白にがらの入った着物を着た女性で、激しく泣いていました。3人共邪気は全く感じませんでした。その後も、意識が変な所に飛んでしまったらしく、人の顔が、次々と浮かんできました。この場所では、みんな共通して、ものすごく驚いた表情でこっちを見てきました。「そんなに自分みたいな人間が来たらおかしな所に来てしまったのかな」と思いました。

霊が襲うメカニズムを考える

8月16日に霊に襲われて、ずっと不思議に思っていた事のつじつまの合う考えが見つかったので記します。

幽体離脱状態で、霊に襲われる時は、こっちもその世界で動いているのに、あまりにも正確すぎるほど正確に体に密着してきます。しかも、霊の出現のし方が、離れた所から来る、といった感じではなく、自分の体の周りに、徐徐に具現化されていくといった感じで現れます。それをとても不思議に思っていました。そこでもしかしたら、霊が、襲っているのは媒体の方ではなく肉体の方なのではないかなと思いました。肉体は動かないので、逃げようがないし、肉体に何かされているそのままの感覚が、シルバーコードを伝い、媒体に伝わっているのかなと思いました。それが、あたかも、離脱世界で、霊におそわれていると、錯覚されているのかなと思いました。ここまで考えて、さらに考えがまとまりました。人間は、多次元的存在です。（肉体、幽体、霊体、本体、スピリット）が、（物質界、幽界、霊界、神界、神そのもの）に対応します。人間は、日常生活をおくってる時も、同時に幽界でも霊界でも生きていますが、その範囲が、狭められます。部屋の中では部屋の外での出来事がよく分からないのと一緒で、敏感体質者は、部屋の壁が薄いか、一部に穴が空いています。霊能者は部屋を細工して外の世界と自在に交流出来る様になった人です。死は部屋から出る事です。襲いに来る霊は物質世界ではエネルギー体をとり、幽界では人間の姿をとるのではないかと思いました。

自分が寝ている状態で、エネルギー体が寝てる肉体に何かすると、幽体離脱状態では、人の姿をした霊が体に密着し、色々な事をしてくる様に感じるのではないかと思いました。

この文章を書いている時は、「サタンに感応されているのでは？」ともののすごくビクビクして書いていました。なるべく何も考えない様にしていましたが、実際その様な感情があったからです。しかし、もしそうだとしてもありのままにこそ意味があると思ったので、そのままにしておきました。

2009年8月19日（明け方）　サタン化した人霊に襲われる

夢の状態から霊に侵入されました。その流れです。スキーのジャンプをする夢を見ていました。1回目のジャンプは、グラつきながらも成功しました。2回目のジャンプの時に、新らしいクツを試めしてみるシチュエーションになっていました。ジャンプ台の上で、コーチみたいな人に、何度も何度もクツを調整されていました。その時から空気がおかしくて、不安な感じでした。いざジャンプという時に、やはり不安が的中して、大失敗してゲレンデをころげ落ちました。下までゴロゴロところげ落ちて、下の小屋の様な場所に、辿りつきました。そして何で失敗したのか分かりました。スキー板を履いていなかったのです。実際には有り得ない事ですが、スキー板を履き忘れてジャンプしてしまった様でした。「スキー板を履き忘れてジャンプするなんて、オレってなんてバカなんだ」と強烈に思いました。「もしかしてコーチもわかってて、わざとやらせたのか」と疑念と逆恨みの様な気持ちがわいてきました。下まで転げ落ちた段階で、夢の中の空気がもうだいぶおかしく、目をさまさないと霊におそわれるとウスウス思っていました。しかし、後ろが林で、普通の林だったのですが、それがあまりにもキレイに見えたので、つい見とれていました。そしたら案の定、霊におそわれました。体に戻ると、金縛り状態で、霊に密着されていました。解くのにだいぶ時間がかかってしまいました。解くと体の中に異物がだいぶ侵入していました。部屋には、直径30cm くらいの黒っぽいエネルギー体が、オタマジャクシ型になって飛んでいました。「大祓」をかけると、体に侵入した異物が、多量に抜けていきました。この日襲いに来た霊は、どんな霊かよく分かりませんでした。人霊ではあったと思いますが、半分サタン化してる感じでした。8月15日、16日に来た霊も人霊ですが、半分はサタン化してる感じです。

2009年8月19日（夜）　2回襲われる

霊に襲われました。この日は、だいぶ眠くて意識がハッキリしていなかったので、どんな霊が、どんな風に襲ってきたか、よく分かりませんでした。只、2回襲われました。1回目は、すごく眠かったので、襲われてもすぐに無視して寝ました。2回目は「もーしつこいなー」と思って部屋を見ると、直径1m くらいの球体の黒っぽいエネルギー体が飛んでいました。「大祓」をかけると、その後は大丈夫でした。

2009年8月21日
友人の突然の訪問、背後で霊が人間を動かす

これは霊的な事ではないのですが、かなりビックリする事があったので、報告します。5年前位に、だいぶ深くつき合いのあった友人が、突然家に来ました。当時は、S地方に一人暮らしをしていたのでS地方の人です。そのS地方の人が、遠方の自宅まで何の連絡も無しに突然車で来ました。この人は、○○○会員です。それもただの○会員ではなく、ものすごく深く、命がけで信仰している信者だと思われます。それは雰囲気や言動からにじみ出ているものからです。もうすぐ選挙なので入れてほしいと言われました。あまりにも突然だったのと気まずさもあったので、つい「うん、いいよ」と生返事してしまいました。その場は、多少、「今何してるの」とか話し合って、すぐに帰りましたが、目つきや、感じから後についてる霊的存在がにじみ出ていました。また、2〜3日前あたりから、自分も「あいつは今頃何してるんだろう」と気になっていましたし、前後の流れや、ここに来てからの自分の方の心境の変化から、物質世界の外側（霊的世界）の動きがだいぶあっての事だろうと感じました。今週は、今までに無いくらい、霊に襲われましたが、ついにそいつらが人を使って（しかも友人）動き出したか、といった感じです。しかし、逆にこれはチャンスだと思いました。こうして文章を書いた理由は、1つには、ビックリしたからというのもありますが、「光を当てたかった」という理由もあります。

こうして報告すること（あからさまにすること）は、光を当てる

効果がある気がするからです。(「雑音放送局」で言ってる事を応用するとそうなります)熊谷先生に、月刊誌にのせると聞いてから霊に襲われるのが、ヒドくなったのもその理由からかなと感じます。

4 (リョウレポート) はげしさを増す邪霊の襲撃

2009年8月23日　霊に襲われるが眠くて不明

霊に襲われました。この日は夜寝る前に多少霊の感応を感じていましたが、それが微かなものだったので、「まあいいか」と思ってそのまま寝てしまいました。その後、何分位たったか分かりませんが、霊に体に絡みつかれ金縛り状態になって目覚めました。金縛りを解いて部屋を見ると、約1m位の球体のエネルギー体が飛んでいました。「大祓」をかけてまた寝ました。この日はだいぶ眠くて意識もハッキリしていなかったので、どんな霊だったか分析できませんでした。

2009年8月24日　邪霊集団が襲撃、「大祓」で阻止する

霊に感応されました。この日は夜寝ようとしていると、霊がヒドく感応して来るのが分かりました。よく分かりませんが、どうやら複数の霊が集団になって襲おうとしている感じでした。目をつぶってその状態を感じていると、頭頂から「ビーン、ビーン」と

電気質な何かが反応していて、体に侵入しようとしている感じでした。前に似たような感じで憑依状態に近いものになった事があったので、これはマズイと思い「大祓」をかけました。「大祓」をかけると意識がガクンと落ちたり変な風になり、意識の内側で霊が暴れ回っている感じでした。賢治の言う「透明な幽霊の複合体」をある1つの空間とすると、その中で本当に霊が暴れ回っている感じでした。その状態のまま意識が飛んで朝まで寝てしまいました。朝起きると「大祓」がリピートでまわりっぱなしになっていたので、「しまった」と思いました。

本を読んで邪霊に憑依感応された体験

以前この8月24日邪霊の襲撃で頭頂に「ビーンビーン」と感じたのと似た様なもので、憑依状態に近い感じになった事がありました。前からそれは報告したいと思っていたので、それを今報告します。いつ頃だったかは良く覚えていませんが、去年の秋ぐらいだったと思います。ある本を読んでそうなりました。『哲学的○○○…………』というタイトルだったと思います。これと姉妹本で『哲学的○○○…………』という本もあります。ちなみにそれも読みましたが、2、3年位前の事なので、良く覚えていません。面白いとは感じました。しかし、今思うと低級だったと思います。内容は、フェルマーの最終定理（約400年誰も解けなかった数学的難問で最近解かれた定理）が解かれるまでを面白おかしく書いたもので低級なものです。（低級という言い方は失礼ですが、内容がどうこう以前に著者が「自尊心」や「金もうけ」を色濃く出しているという意味です）。読んだ理由は、個人的に興味を持っていた内容を分かりやすく簡単に書いていたからです。読んでいる最中に頭の上に何かが来て「ビーン、ビーン」と電気質な何かを体の中に流し込んでるみたいでした。その時は「なんだこれは」とは思いましたが、悪いものだとは思わずに、そのままにしてしまいました。その状態が読んでいる最中の何割ぐらいなっていたかは覚えてませんが、かなりの時間なっていたと思います。瞑想指導のビデオに出てくる写真で蛇が瞑想をしている人の頭の上に赤黒い何かを吐き出している写真がありましたが、もしかしたらそれに近いものだったのかもしれません。読んだその後は、それだけで何もなかったのですが、その次の日から２～３日の間仕事中にずーっとある想念が頭の上に浮かびっぱなしになっていました。その想念は妄想なのですが、その内容が毎回同じもので低級なものです。もしかしたら、それがもう一歩深い部分までいっていたら実際行動に移していたかもしれません。その当時は、そうなった原因が本を読んだからだとは気付かなかったし、その想念自体が偶然発生した何の変哲もないものだと思っていましたが、後になってから、その原因は頭に何かを流し込まれたからだと気付きました。

2009年8月26日（夜）
邪霊が侵入して憑依（？）状態となる

霊に襲われました。この日は夜９時頃寝て、夢を見ました。その内容がかなり不吉で不気味なものだったのですが、意味はあまり感じないので省きます。そして、12時30分頃目が覚めてトイレに行き、また寝ました。頭がだいぶ冴えてしまった様でしたが、寝られました。その後、何分くらいたったか分かりませんが、突然気配を感じて目覚めました。気付くと霊に左足から上方（胸の方）に向かって侵入されてました。左半身がシビレて（霊がアメーバー状になってギューっと侵入してきた為）金縛りに近い状態になりました。マズイと思い、もがいたり、精神を集中したりしましたが、金縛りが解けた時には霊が体に入っていました。つまり分かりませんが、憑依？ されました。その後、また寝ようとしていると変な想念がたくさん湧いてきました。自分のものと混合したこの霊のものだろうなと思いました。その質感から、この霊は女性だろうなと思いました。その後また寝て、2種類くらい夢を見ました。そしてふと気付くとまた霊に襲われてました。今度は男の霊で背中からはがいじめにされて「ハァーハァー」と頭に向かって（頭をねらって）嫌な息を延延とかけ続けられました。その肌の密着感や生々しい人体感覚が物質肉体でそれが行われている以上にリアルで、とても苦痛に感じました。早く金縛りを解こうと思い、もがいたりよくＣＤ（「愛を語る夢のむこうで」をかけていました）を聴いたり色々しましたが、この日はなかなか解けず、とても苦労しました。相手の手をつかんで関節技をかけようとしましたが（幽体？）パワー負けして逆にかえされました。物質肉体でならそう簡単に負けるはずもないのに、どうして幽体だとこうかなと、とても不思議に思いました。目を開いて金縛りを解こうとしましたが、幽体の目が開いてしまい、幽界の風景が見えるだけでした。何を思ったか忘れましたが、ＣＤを操作しようとＣＤプレーヤーに手をのばすと、（幽体の）「ヤメテー」と叫ぶ女性の声が聞こえました。多分これはさっき体に侵入してきた霊だろうなと思いました。色々ともがいてやっと金縛りが解けた時には、体の中に大量の異物が侵入していました。周りを見まわしましたが、いつもは飛んでるはずのエネルギー体が見当たりませんでした。もしかしたらこの霊も体に入りっぱなしになったのかと思いました。この時はもう朝にだいぶ近くなっていました。その後少し寝て、4時過ぎに起きて近くの神社にリラをしに行って仕事に行きました。仕事中はだいぶ辛くて（いけないことですが、なげやりになってしまいました）そして仕事から帰って夜この文章を書いているので、もしかしたら文章にもそれが反映されているかもしれません。この文章を書く前の夕方6時頃、黙想正座をしたのですが、体に侵入した異物（グニャグニャ）がかなり激しく動きまわっていました。グニャグニャとしたものが激しく動きまわっている事しか感じないので、それが昨日侵入した女性の霊なのか、男性の霊なのか、それらとは関係無い別のものなのかは分かりません。この日はただ激しく動きまわっただけで抜けていく感はありませんでした。抜ける場合には、おそらく①ただ抜ける場合②浄化されて抜ける場合、の2ケースある様に感じます。またこの日は、頭にグニャグニャしたものがこびり付いていて、神気を吸う時だいぶやりにくかったです。

ＣＤ「大祓」をその場しのぎに使用するのは止めようと決断

この日の直感として強く思った事があるので忘れない様に記します。**もう、ＣＤ「大祓」のこの様な使用の仕方は止めようと思いました。それはその場しのぎにしかならず、根本解決には繋がらないからです。**むしろ意味が無いだけでなく、危険ですらあるかもしれないと思いました。たしかにこのＣＤは絶大な効果があり、襲いに来る霊に対して確実に効いています。ですが毎回同じ事の繰り返しになるし、毎回それを重ねるごとに、**頼りきってしまうからです。**それは、毎回霊が襲いに来るという事実の表面的な部分に対する「臭いものにフタ」にすぎず、その奥に確実に存在する中心の原因、核の部分には届かないし、むしろ逃げてるだけに過ぎないと感じたからです。それは解決ではなく、目を背けてかえって相手をどんどん巨大なものにしてしまうのではないかと思いました。なので、とりあえずは使うのは止めて**霊が来たら自力でなんとかしてみようと思いました。**

2009年8月28日（明け方）
襲う霊に動機は2種類ある、その対処法は…

明け方近くに夢の状態から霊に侵入されて襲われました。その流れです。この日は、夜普通にフトンに入って、寝ました。そして2種類位の夢を見た後、明け方近くに以下の内容の夢を見ました。家に居たら電話が鳴り、取りました。男性の声で「お母さんはいますか？」と言われました。その声の調子が切実で消え入りそうでありながら、仕事で無理矢理やらされている様な事務的な感じでした。「あんた誰？」と聞くと「レイザキです」と言われました。「下の名前は？」と聞くと、「マサユキです」と言われました。「何の用？」と聞くと、「あなたのお母さんとは前世からの繋がりなのです」と言われました。「ウチの母親の名前は？」と聞くと、答えられなかったので「アホか!!」と言って切ってしまいました。この相手は、終始切実な感じだったのですが、自分の方は、あやしい電話だと決め付けてだいぶ意地悪になっていました。切ったらまたすぐに電話が鳴りました。「またかけてきやがったか」と思い電話に出ると、いきなり女性の声で「死ね」と言われました。あっけにとられて「は？」と聞き返すと、もっと強く「死ね!!」と言われました。夢の中ではありましたが、**その声の持つマイナス想念がすさまじく、体中の生気を全て吸い取られる様なダメー**

ジを受けました。そして、その瞬間目覚めると霊に左半身に密着されてました。すなわち実際にこの霊が自分に向かって夢の中で「死ね」と言ってきたんだと思います。（レイザキという男性も実在する霊で、この霊も本当に夢の中で話しかけてきたのかどうかは分かりません）。この女性の霊は昨日体に侵入してきた霊かな？と思いましたが、違う様な気もしました。左半身に密着しているという点では同一なのですが、想念波動（心）が、若干違う様に感じるからです。

この日、襲いに来る霊の動機にも、2種類のタイプに分けられると思いました。

① **本当に恨みを持ってるタイプ**（電話で「死ね」と言ってきた女性タイプ）

② **邪魔する事を生きがいにしてるタイプ**（26日に頭にハーハー息をかけてきた男性タイプ）

①の霊には、こちらも愛情を持てます。（迷惑ではありますが）人を恨む気持ちは痛い程分かるからです。なんとかこちらも力になって、浄化してもらいたいと思います。（例え体に侵入されてでも、一緒にセラピーを受けてもらって明るい心になって欲しいと思います。）②の霊は本当にやっかいです。①の方は、真剣さがあるのですが、こっちは一切ありません。只単に邪魔して足を引っぱる事を生きがいにしてる。**人の不幸を栄養にしてる。サタンの様な人**です。そういう人にはどう対処していいか全く分かりません。無視するというのが唯一の対処法の気がします。「助けてやろう」とか「改心させよう」とか甘い心を出したら一気に攻め込まれて本当に殺されかねません。と思いました。

2009年8月31日
姿が見えない霊とのたたかい、侵入されるとどうなるか

霊に襲われました。この日は夜の9時頃普通に寝ましたが、午前1時頃目が覚めて、それから目が冴えてしまい、寝られなくなりました。夜寝ようと思っても頭が覚醒して寝られない日というのは、霊に感応される確率が極めて高いのですが、この日もそうでした。意識状態が霊に感応されている時特有のものになっていきました。おそらく女性の霊が感応してきました。女性の変な声(幻聴　霊の声)が聞こえてきました。それと共に、ＣＤでかけていた「シルバー・バーチの言葉２」の音が、とびとびになりうまくかからなくなりました。これはどうやっているのか知りませんが、霊が物理的手段を使いそうしているのではないかと感じます。ＣＤを「マカバリラ」のＣＤに変えました。その後少し眠った様な気がしますが、相変わらず霊に感応されてる状態でした。しばらくたって今度は男性の霊が来て、体に侵入しようとしてきました。おそらく、霊が体に侵入する時に金縛り状態になるんだと思います。この日は、金縛りに入る瞬間に、その雰囲気を無意識で拾って霊の侵入を防いでいる様でした。意識的にそうしようと思っていた訳ではないのですが、体に侵入されたくなくて警戒していたので、そうなったんだと思います。霊の侵入を阻止する度に男性の声の咳払いが聞こえてきました。「侵入させろ」という意味でやっている感じでした。目を開けて部屋を見ると、緑と灰がまじった様な色のエネルギー体（1m くらい）がオタマジャクシ型になって飛んでいました。霊に侵入される時はこのエネルギー体がそのまま体に入るんだと思います。もしかしたらそれが体でグニャグニャ動きまわる異物になるのかもしれません。この日は朝までこ

の様な状態が続き、よく寝れませんでした。この男性の霊ですが、「もしかして賢治祭で浄化された（消滅した）と思ってたサタンが、実は浄化されてなくて（ギリギリで逃げたとかで）また来たのか」と思い、ショックを受けました。もしかしたら別の霊かもしれませんが、霊は姿形も見えず雰囲気で感じ取るので、それがよく似ていると見分けがつかなくて一体何人くらいこの様な霊がいるのか良く分かりません。霊に体に侵入されるとどうなるかですが、この間はかなり強力な霊（サタン）に侵入されていたと思いますが、その時の状態は

① 体にグニャグニャとしたものが大量に入っている。
② 体がダルく重くなり疲れやすくなる。
③ 悪感情が出やすくなりイライラしやすくなる位で、想念や意識がコントロールさる様な感じはありませんでした。ですが、コントロールされていたけどそれに気付かなかっただけかも分かりません。

ＣＤの音飛び現象についてです

（注）リラ自然音楽のＣＤは、プレーヤーやＣＤは正常なのに、ＣＤの音飛びやＣＤがかからないという異常が起こることがたまにあります。それはリラ自然音楽のＣＤの癒しの波動が強いためと考えられ、プレーヤーが慣れてくると、正常にかかるようになることも多いです。

この現象は、半年程前からよくある現象です。その特徴としては以下です。

① 決まったＣＤの決まった曲のだいたい決まった所で音が飛ぶ。

② 毎回ＣＤをかければ必ずその場所で音が飛ぶという訳ではない。普通はちゃんとかかりますが、たまにどういう訳か、音が飛んでしまいうまくかからなくなる。
③ 音飛びが起こる時は、霊の感応を感じている時が多い。

これらについて以下の様に考えました。

普通音飛びが起こる原因として考えられるのは、

① ＣＤプレーヤーに問題がある場合
② ＣＤそのものに問題がある場合
③ 霊の作用

です。

①だとしたら、どのＣＤをかけてもランダムで音が飛ぶと思うのでこれではないと思います。ちなみにかけると音飛びが起こるＣＤプレーヤーは１つだけです（アイワのMD・ＣＤプレーヤー）。それ以外のプレーヤーでかけて音飛びが起こった事はありません。じゃあ③かな？ ということになりますが、ずっとかけすぎでＣＤがすりへってしまった為だと思っていました（注、ＣＤはレーザー光線で音を読みとっているので、盤がすり減ることはないです。盤に傷がついたり油汚れなどによって音飛びの原因になることはあります）。ですが、もしそうだとしたら、毎回同じ場所で音が飛んでかからなくなるはずだと思うのですが、「どうして音が飛ぶのがたまにだけなんだろう」とは思っていました。そこで昨日分かったのですが、明らかに霊が何らかの作用をほどこして、かからなくしている様でした。なのでやっぱり③霊の作用の確率が高いのではないかと思いました。音飛びがよく起こるＣＤと曲は以下です。Ｃ

Ｄ「シルバー・バーチの言葉２」、ＣＤ「いやしの歌」の１曲目「春はかえる」、ＣＤ「鎌倉の風」、ＣＤ「生命《いのち》の樹」の１曲目「緑の礎」。これらの特徴としては、①グループ・リラ講座やサービスリラ講座で歌う曲である。②いずれもＣＤの１曲目である、です。これらがどういう意味を持つのか、もしくは考えすぎで本当にＣＤがすりへっているだけなのか分かりませんが、前々から気になっていた事なのでまとめてみました。

山波先生の詩の朗読で明るい温かな空気

今週は霊におそわれたのは１日だけで、いつもより少ないですがそれがたまたまでないとすると、思い付く要因は、今週はデクノボー方式朗読法の練習のつもりで山波先生の詩を毎晩朗読していたので、それではないかと感じます。

と思ったら、９月４日（夜）から９月５日（明け方）にかけて、霊に襲われました。この日は夜寝る前から霊の感応の空気を感じました。意識がパチンと落ちる感じや、人の顔の幻視がありました。しかしそれとは別の温かいやわらかな明るい空気もあったので、これはやはり山波先生の詩を読んだからだと感じます。「まあ大丈夫か」と思い寝ました。普通に夢を見て、９月５日午前2時頃目が覚めてしまい、トイレに行きました。その夢の内容は霊の存在を感じさせるものでした。しかし接触はしておらず、遠くからながめていた感じです。その後寝ようとしたら霊に襲われました。金縛り状態になり、背中からくっつかれ頭や首の後ろをねらって何かされていた感じです。金縛りを解き、ＣＤを「ホワイト・イーグルの言葉」から「マカバリラ」に変え、それに合わせてリラをしました。そしてフトンに入って、「神の子の祈り」を繰り返し唱えました。霊の「ゲー」という声（男性の声）が聞こえダメージを受けている感じでした。明るい温かな空気も増していきました。そして寝ても朝まで大丈夫でした。

パート4　2009年9月

- 邪霊との闘いから見えてきた霊の世界
- 邪気〈グニャグニャ〉についての一考察

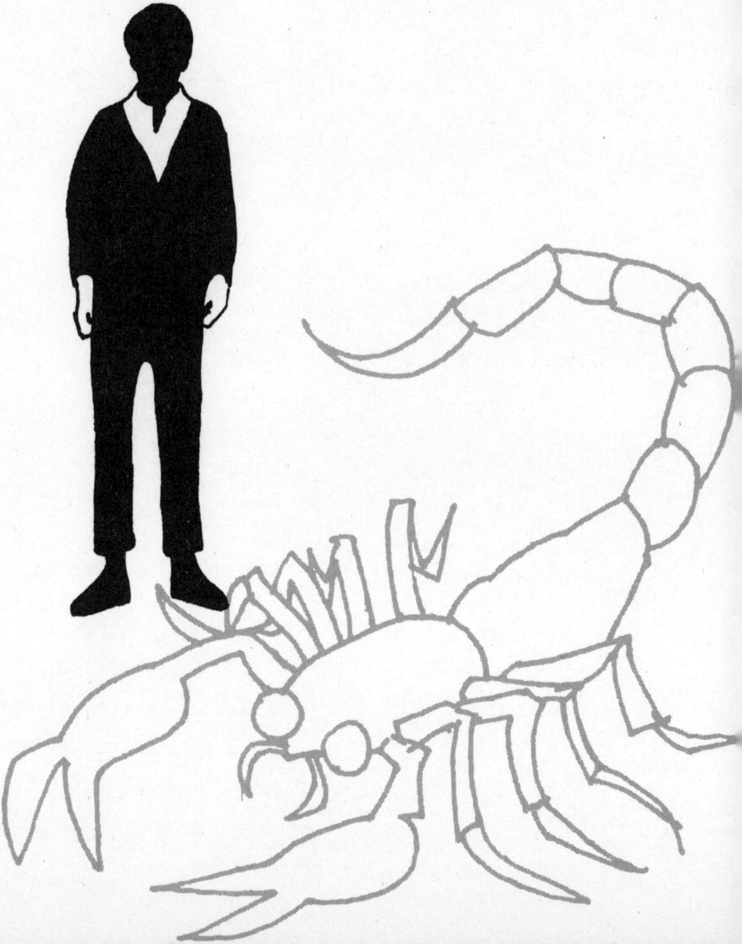

1 リョウレポート

霊の感応による夢、凶悪サソリロボットの出現！

2009年9月6日夜〜9月7日明け方
印象的な夢から幽体離脱して奇妙な世界に入る

体に大量にこびり付いていたガンコなグニャグニャとしたものが大量に抜け、その後、霊に襲われ、その後、印象的な夢を見て、その後、幽体離脱状態になりました。その流れです。

9月6日の黙想正座の講義の時から、体に大量のガンコなグニャグニャとしたものがこびり付いていました。もともと体に付いていたものと、黙想正座の最中にチャクラから出てきたものの融合したものだと思います。セラピーを受けても取れず、その後のリラ実習の時も取れず、「これを浄化するのは大変だな」と思っていました。それが、その日の夜、うつぶせに寝て、「マカバリラ」のＣＤを聴いていたら、激しく動きまわり、溶ける様に背中からズルズルと抜けていきました。全部ではありません。「ああ良かった」と思ったら、霊に背中から密着され、金縛り状態になりました。(どういう訳か、グニャグニャとしたものが抜けた時というのは、霊に襲われたり、別のグニャグニャが侵入したり、体の中からわき出てきたりという事が多い気がします。つまり、このグニャグニャが取れて、スッキリしている状態というのがありません)。この時はだいぶ疲れていたし、眠かったので、金縛りを解いても何かする気になれず、モウロウとした意識の中で「神の子の祈り」を何回か唱え、そのまま寝てしまいました。そして、以下の内容の夢に移行しました。

夢――女性（子供連れ）になり軍隊に追われる

千人くらいの軍隊の様な人達に追われて逃げる夢です。自分はなぜか女性になっていて、10歳くらいの息子をつれていました。もう一人守ってくれる感じの男性がいました。ビルの最上階の一室に逃げ込み、立てこもり状態になりました。軍隊のはなった弾丸が、雨のように天井から降ってきました。守ってくれてた男性が、自分をかばう様にしてハチの巣になって死にました。部屋から四方を見わたすと、軍隊の様な人達に完全にとり囲まれていて、どこにも逃げ場がありませんでした。「こいつらにやられるなら、ここから飛び降りて死のう」と思いました。窓を開けて窓際に立つと、高さに足がすくみました。そこで、「これは夢だ」とウスウス思っていたらしく、「きっと空を飛べるはずだ」と考えました。息子の手をしっかりにぎって、窓の外に1歩足をふみ出すと、足が浮きました。「ああよかった、飛んで逃げれる」と思い、2歩3歩と子供の手をひいて空の上を歩きました。

不気味な世界にまぎれこむ

そこからストンと幽体離脱の状態に移行しました。部屋（自分の部屋です）を見ると、部屋が2倍くらいの広さになっていました。部屋の様子は、うす暗く、ミステリアスで不気味で、**不思議の国のアリスの不気味さだけを何倍にもした様な感じ**です。売ったはずのエレキギターがなぜかあり、気持ち悪く足に絡み付いてきました。ビックリしてなぜか手に持っていたアコースティックギターだけど金属バットの様なもので、ヘッドの部分を何度も叩き壊しました。グニャグニャに壊れたヘッドの部分がグニャグニャと気味悪く動きまわっていました。「うわー」と思い、「早くここから逃げなければ」と思い部屋をとび出しました。廊下も2

倍くらいの大きさになっていて、本来無い場所に神棚がありました。「とにかく逃げろ」と思い、親の寝室に入りました。寝室も2倍くらいの大きさで、母親がフトンに入り、本を読んでました。近付くと顔の表情が温かくやわらかだったので、「ああよかった」と思い、とても安心しました。宮沢賢治の童話「ひかりの素足」で「にょらいじゅりょうぼん第16」と一郎少年が言って、お釈迦様が現れた安心感に近い感じだと思います。スケールは違いますが空気がその種のものです。そして、(今ではあり得ないですが、どうやら小さな子供に戻っていた様だったので)、親のフトンにもぐり込み、「しばらく体に戻るまでここで待機するか」と思いました。枕元にCDプレーヤーがあり、音楽が流れていました。それは自然音楽だったのですが、今まで聴いた事のない曲でとても良く感じました。親に「いいね、この曲」と言いました。よーく曲を聴いていたら体にスッと戻れました。そして、親の枕元にあったプレーヤーは、自分の枕元にあるプレーヤーで、流れていた曲はかけっぱなしにしておいた「マカバリラ」だったと分かりました。その後は普通に寝られました。

温かいぬくもりとリラで救われる

以上が流れですが、**幽体離脱状態になって温かいぬくもりを持った人物に出合ったのははじめて**だと思います。最近では、幽体離脱といったら暗い恐怖の中、邪霊におそわれるといったものばかりでした。リラ研に来だす前もその世界をブラブラして戻るだけか、人物に出合っても変な人ばかりでした。(ホールで先生や、他のセラピー中の人に会う時は別です)。これは一体何だったんだろうと、とても印象に残りました。**幽体離脱状態ではマカバリラのCDがきれいなメロディー曲に聞こえていた**というのも印象的に思いました。

2009年9月9日夜〜9月10日明け方
夢の中の電話は霊との会話（感応）だ

9月9日の夕方、黙想正座をしている時から霊の感応がありました。神気を吸おうとする時、天に想いを向けようとするのですが、間につっかかる黒い心がある感じです。目をつぶっている瞼の裏側に何度も色々な人の顔が浮かびました。

夜寝る前、色々やってその空気を取ろうとしましたが、少しやわらいだとは思いますが、全部は取れずそのまま寝ました。色々と夢を見たと思いますが、最後に以下の内容の夢に移りました。

なぜか突然電話が、前勤めていた花屋に繋がってしまいました。「なぜ!?」と思いましたが、事務のオバサンが出てしまったので、とっさに「3,000円のアレンジの注文お願いします」と言ってしまいました。声で自分とバレてしまったらしく、「5,000円にしてよ」と言われました。その後色々話しましたが、声は全くその人と一緒なのですが、雰囲気がとても嫌な感じでした。次に元同僚（30歳くらいの男性）に変わり、「いつ店に取りに来るのか？」や、「何に使うアレンジ？」とか「男性用女性用？」等色々聞かれました。電話が繋がってとっさに口をついて出てしまった言葉が「アレンジお願いします」だったので、つじつまを合わせようとウソをどんどん重ねてしまいました。この人も声は全くその人だったのですが、その調子がとても生気無く感じました。

その後、どんなやり取りをしたか覚えていませんが、「ハッ」と目が覚めると霊が真近に来てる空気でした。その後また寝ようと目を閉じましたが、確実に襲われる空気だったので起きて「鎌倉の風」をＣＤに合わせて歌い、リラをしました。少し空気がやわらかくなったので、また寝ると、夢の中に夢魔みたいな女性が来てちょっかいを出してきました。多分この霊は体に侵入したと思います。その後は朝まで寝ました。この日は会社でもダルく、悪想念がわきやすかったです。出来る限りは「愛と奉仕」を意識しようとはしましたが、フッと気が抜けると変な妄想が出てきたりといった感じでした。でも帰って夕方黙想正座をすると、すごく大量のグニャグニャが、浄化され、（化学変化をして発酵すると泡立ちますが、そんな感じになったり、激しく苦しむ様に動きまわり溶ける様に抜けたりしました。）だいぶ楽になりました。

この夢の内容を書いた理由は、前にも同じ様な内容の夢で霊におそわれた事があったからです。夢の中の意識状態や世界の感じも前の時と一緒でした。**「霊の感応」と「夢の中での電話（多分霊との会話）」に何かパターンがある**様に感じたからです。

2009年9月11日
邪気（グニャグニャ）が抜ける時、変な想念が意識に混入

霊におそわれました。夜寝ていると霊が来て体に密着してきました。この時はとても眠かったので、何かする気にもなれず、霊を振りほどいてそのまま無視していました。霊を振りほどくと体に大量のグニャグニャが侵入していました。それはすぐに抜けていったのですが、**抜けていく過程ですごく変な想念が意識に大量にまじりました。**

2009年9月12日
霊が感応する夢、排出されたグニャグニャ（霊）が戻ろうとしたのか？

この日は夜8時頃寝てしまい、1時30分頃に目が覚めてそれから眼が冴えてしまい、寝られなくなりました。霊の感応があったのですが、やわらかくて温かな空気もあったので、大丈夫かなと思い寝ようとしました。何とか寝られて以下の夢に移りました。タクシーに乗る夢ですが、タクシーの運転手に色々とちょっかいを出され、おつりの事等でもめました。この運転手はとても嫌な雰囲気をしていました。何も考えてなかったのですが、ふいに「お前の好き勝手にさせるかよ!」という言葉が口をついて出てしまいました。運転手は「何!?」といった表情になりました。そして目が覚めると1.5mくらいの黒い球体が体に密着していました。球体は火の玉状になり部屋を飛びまわりました。CDを「マカバリラ」に変え、「神の子の祈り」を唱えながら眠りにつこうとすると、また霊が来て体に侵入しようとしている様でした。意識レベルを高く保とうと努力していると、霊は感応したくても出来ないらしく、悶悶としている様子でした。耳元で「うわー」というダメージを受けている声がたくさん聞こえました。

確証は無いので、もしかしたらですが、このようなエネルギー体は体から抜けたグニャグニャで、それが体に戻ろうとしてくる現象が、これらの現象なのかもしれないと考えました。

2009年9月13日　眠くて襲う霊を無視

霊におそわれました。夜寝ていて気が付くと、9月12日に来たのと同じ様な1.5m位の黒っぽい球体に体に何かされていました。この日は眠かったのでそのまま無視して寝てしまいました。体に大量のグニャグニャが侵入し、とても変な想念が意識に混じりましたが、すぐに抜けていきました。

2009年9月17日午前　緑灰色のエネルギー体に襲われる

夜寝ていると霊におそわれました。背中から霊に密着され、幽体をひきずり出されそうになりました。なんとかこらえて目を開けて部屋の中を見ると、緑色と灰色の混じったような色をしたアメーバー状のエネルギー体が飛んでいました。

2009年9月18日午前　凶悪サソリロボット

夜寝ていると気付いただけで計4回霊におそわれました。

1回目　人霊(男性)に襲われ獣のようにかじられて異物を注入される

寝ているところを人形の霊（男性）に抱きつかれはがいじめにされました。「ヤメロ」と体を動かしてもがいていると、ライオンか何かの獣がする様に口をガブッとかじられました。その後、股の間に何か変な異物を注入されました。（次の日の仕事中に丹田のあたりに違和感がありました）その後は眠かったのですぐに寝てしまいました。

2回目　サソリロボットが出現、超能力開発セミナー(の背後)の霊か

寝ている所を霊に背中からくっつかれ、幽体をひきずり出されそうになりました。その力がものすごく、半分幽体が抜けてしまいましたが、なんとかこらえきりました。

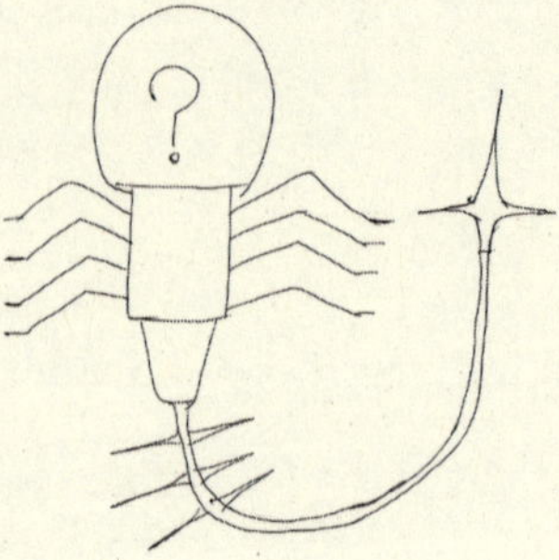

全長 2m 程。サソリの様なトゲトゲした形態。
全身がものすごく複雑な機械で出来ていました。

部屋を見ると全長 2m 程の黒っぽいエネルギー体が飛んでいました。特によく見ようと意識した訳ではないのですが、この日はその形態が変化して姿がハッキリと見えました。**とても複雑な機械で出来た、サソリ型のロボットの様**でした。上半身は影になっていて見えませんでしたが、下半身はだいぶトゲトゲしていました。2，3秒で部屋から外に出ていった感じでした。

間違っているかもしれませんが、印象として感じたのは、**例の超能力開発セミナーで働いている霊っぽい**と思いました。その後、色々と考えましたが、これは恐怖心から来る思い込みかもしれませんが、何としても連中に引導を渡さなければならないと強く思いました。引導を渡すというのは連中を倒すという意味ではなく、地球人類の価値観を地球資源を使い果たし、**いたずらに物質科学を発達させていく方向性よりも、自然の中で生き、自然界のあらゆる生命を守り、その進化を促していかなければならない、それが人類の向かうべき方向性である、**という方向に何としても（！）

もっていかなければならないと強く思いました。その後は眠かったのですぐに寝ました。

3回目　侵入した邪霊の想念が夢となった

この夢は夢の中での意識状態がだいぶおかしく、自分のものでない感じだったので、ある**どこかから侵入した想念が夢として具現化されたもの**である可能性が高いと思います。

（夢）　なぜか家の近所の幼なじみの女性の家に侵入していました。（念の為言っときますが、普段は全くそんな事考えませんがおそらく変な目的でだと思います。）部屋のドアを開けると父親と目が合いました。父親の顔が無表情で生気無く目が合った瞬間ゾクリとしました。そのとたん目がさめ、背中から霊（この霊はさっきのサソリロボットではなく別の人霊だと思います。）に絡みつかれ、幽体を引きずり出されそうになりました。なんとかこらえてまた寝ました。

4回目　緑色の炎のような霊

寝ていると、ふたたび霊に背中から密着され幽体をひきずりだされそうになりました。（この霊も多分サソリではなく人霊）そのパワーがとても強く半分幽体が抜けてしまいましたがムリヤリ抵抗して体に戻りました。目を開けると緑色の炎の様なものがユラユラと動いていました。この霊は意識的に体の中に異物を注入し

ようとしてる感じでした。

邪気（グニャグニャ）についての一考察

計4回を通して体の中に超大量のグニャグニャが入りました。この間のセラピーでせっかく抜けたと思ったのに、それと同じかそれ以上入りました。しかし、この**グニャグニャにもはっきりと2種類ある**事が分かりました。

①私の幽体の深い部分にあるシミが表面上に浮かび上がり具現化したもの（前回セラピーで抜けたのはこっちです）
②邪霊が私の体の中に入れるもの

①と②は質感がほぼ一緒である為、ほとんど区別がつきません。でも①の方が②よりも若干なめらかな質感である気はします。
②も、ⓐこのグニャグニャは霊そのものなのか、ⓑ霊があるエーテル質の毒素を体に入れているものなのか。あるいはそのどちらもあるのか（ⓐもしくはⓑ）。ⓐかⓑかでは意味が大きく変わってくると思いました。ⓐだとしたら大変ありがたいことを私はやらせて頂いていると思います（なぜなら、それは私の自己浄化・進化になりますから）。ⓑだとしたら私はもっと頑張らなければと思います。これをたとえて言えば、AさんはBさんの家に毎日ゴミを捨てていきます。BさんがAさんに注意してやめさせれば意味がありますが、捨てられたゴミを毎日掃除するだけでAさんに何も言わず、それが延延と続いていったら（これがⓑの場合です）・・・
これと同じ理屈が成り立つからです。

ですが振り返ると、以前はよく来たのに来なくなった霊も中にはいるので、(何体くらいかは分かりませんが、) **セラピーでこれらの霊は浄化されているのは確か**だと思います。先が見えないし苦しいのですが、ありがたい事をやらせて頂いていると思って前向きにやっていきたいと思いました。

その後、リラ自然音楽第101号(2008年5月号)の記事「セラピー日記」を見ていて裏付けとなる様な記事がありました。

「イエス青光」(注、リラ自然音楽セラピーで働く特に強力な癒しのエネルギーの一種)で、カルマ(幽体の黒いシミ)解消に対応し、「水晶ダイヤ光」(注、リラ自然音楽セラピーで働く格別に強力な癒しのエネルギーの一種)で、これが「イエス青光」とセットで放射注入されると、カルマ解消、及び悪ＥＴレプティリアンの撒きちらす粉塵に対応すると書いてありましたが、先程の①はカルマ(幽体の黒いシミ)で②**は、レプティリアンの撒き散らす粉塵を加工して、邪霊が悪用しているもの**なのではないかと感じました。現実世界でも不良がヤクザからマリファナや覚醒剤を買って悪さする様に、見えない世界でも邪霊がサタンから黒い粉塵をもらったり買ったりしてこの様に悪さしていてもおかしくないからです。『ワードの死後の世界』の内容等からイメージをふくらませてみたのですが、今は地球が変わる節目だし、悪の世界でも相当乱れておかまいなしに悪さをしているのではないかと思いました。その表れが今の世の中の乱れとして反映されている現象。ましてやサタンがこれだけバンバン消されている(注、リラ集会でサタン改悛をしていることをさす)ので、向こうからしたら戦争状態の様な混乱があるのかなと思いました。

2 リョウレポート 異質な強力邪気の出現

2009年9月19日
CD「宇宙音リラ」でセラピー現象、光の臨在

夕方、セラピー現象の様な体験がありました。CDの「リラ　世界で一番シンプルな合唱」というCDは普段あまり聴かないのですが、この日はなぜか聴いてみたくなって聴いていました。ベッドに入って聴いていたのですが、「リラの合唱が宇宙の音みたいでキレイだな」とか「ピアノ曲の中に複雑な音のメロディーが入っていて、意図的に入れた音ではないとしたら何の音だろう？」とか思ってるうちに眠くなってきたので寝ました。夢を見ましたが、その夢がセラピー中に体験する時の様な意識状態で実際にその世界で活躍している感じでした。病院の様な清潔で清純な場所でベッドで何人かで寝ていました。目の前に看護師さんみたいな人が来ました（月読かぐやさんに似てました）。何かやりとりをした感じでしたが、そこはあまり覚えてません。フッと気がついて意識が元に戻ると、頭から精妙で光のようなエネルギーが（ビリビリしてました）サーッと入り、体がスッとする感じがしました。それと同時に右足が勝手に持ち上がり、9月18日から体にずっと絡みついているガンコでなかなかとれないグニャグニャが、足の方にひっぱられる感じがしました。目を開けると部屋の頭の上の辺りに金色の淡い光が見えました。

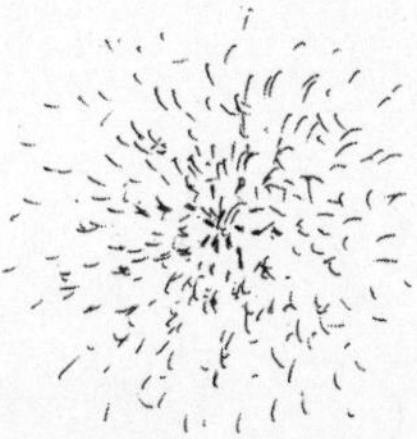

エネルギー体ではなく、
部屋全体を満たす様なボンヤリと薄い光でした

日の光かなと思いましたが、それとは違う感じでした。邪霊やサタンがこれだけウジャウジャいるんだから、まさか天使や高級霊がいないなんてことはないだろうとは思ってました。その存在に気付かないのは自分の人間レベルが低い為だろうと思ってましたが、この時は来てくださったのかなと思いました。

2009年9月20日午前9時頃
サソリロボット（悪宇宙人系）の邪気は異質で強力、邪霊に侵入される

この日はまた「宇宙音リラ」のＣＤを聴きながら寝ていました。9月18日に邪霊に入れられたこのグニャグニャは、いつものやつと若干質感が違う感じで、**ネバネバしていて強力**でなかなかとれそうもありません。それがこの日寝ながらＣＤを聴いていると、ビリビリとエネルギーが入った感じになり、バリバリと背中からはがれそうになりました。「よかった、とれるのかな」と思った途端、邪霊の様な人形の意識体が来て背中にひっつきました。その後、幽体離脱状態になり、幽体同士でとっくみ合いの戦いにな

りました。当然こういう場合は勝てるはずなく、「こういう時はどうすればいいんだろう」と考え、ＣＤをよく聴く様にしてみたり、愛の感情を高めてみたり色々しましたが、首をしめられたり背中をむしゃぶりつかれたりしながらなので、これも良く出来ずもがいていました。しばらくして体に戻れましたが、この意識体も一緒に体に入った感じでした。「ああ一緒に入ってくれてよかった」と思いました。明日セラピーだからです。

（注）9月21日のリョウさんの鎌倉セラピーの記録

「9月18日からかなり強力な邪霊（かなり強力なグニャグニャ）が体の中に入っていたので、それが浄化されてくれればいいなと思っていました。セラピーが始まり丹田から気泡の様に何かが上に昇ってゆきました。その後、眠くなったの寝ました。2枚目のＣＤの「春はかえる」と「はるかな木よ」で、邪霊（グニャグニャ）が熱で溶ける様にして上方に立ち昇ってゆきましたが、全部ではありません」（リョウ記）

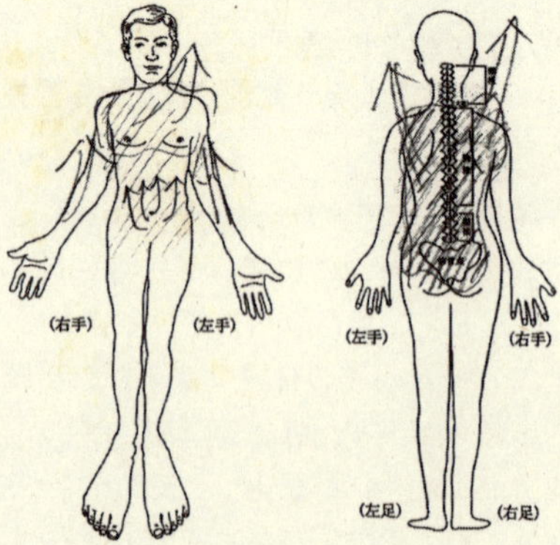

2009年9月25日
(気付いただけで) 邪霊に3回襲われました。

邪霊集団が計画的に襲うのか？

この日は夜寝る前からだいぶ気分がみだれていたので、もしかしたら襲われるかなと思ってましたが、案の定襲われました。この気分のみだれが、たまたまそういう精神の流れでなっているのか、霊が感応して来る為なのか分からないので、霊が「この日に襲う」と決めている日に襲われるのか、こちらの心にスキが出来た時をねらって襲ってきているのか分かりません。ですが、襲われる日は、徹底的にやられるので、ある程度集団で襲う時を決めているのかなという感じはあります。

1回目は夜寝ていたのですが、近付いてきている空気を瞬間的に感じたので、その瞬間に精神をひきしめて「神の子の祈り」を唱えて撃退しました。

「波長の法」で霊の感応は撃退できる

2回目は夢の中に邪霊が進入してきました。その時の夢の中での心が、自分勝手な欲望の心でした。それを意識的に理性的な「どの様に奉仕したらよろしいかお教え下さい」的な心にしたら、サッと霊がはなれたので、**意識的に精神の質を変化させる事により霊の感応を撃退できるのか**なと思いました。これが波長の法かなと思いました。これは普段の生活中もあてはまるのかなと思いましたが、常に理性を使い、精神の乱れを変化させるのはとても難しいなと思いました。

夢からさめて部屋の中を見ると、1m位の緑と灰の混じった様な色の光が球体をとっていました。しばらく見ていたら形が変化して蛇体になりました。その後は、しばらく「神の子の祈り」を唱えていました。

邪霊の心がそっくり自分の心になった

3回目はどういう訳か、突然幽体離脱の状態になりました。その時の意識状態がものすごく変な悪意に満ちたものでした。その状態で部屋のベッドの手すりにぶら下がったりして遊んでいました。多分**霊の心がそっくりそのまま自分の心に入ったんだ**と思います。ハッと気付くと、体に戻りましたが、霊に背中からはがいじめにされて、首の後ろをねらって何かされていました。この時はなかなか相手の霊をふりほどく事が出来ず、だいぶ長い事そうされていました。

この日はこれだけやられても、あまり体の中にグニャグニャしたものも混入せず、次の日の気分もそんなに悪くありませんでした。なるべく理性を使ってすぐに撃退する様に気を付けていたからかなという気がします。

午前4時30分くらい　霊聴　宇宙人の声？

これは霊に襲われたものではありませんが、ものすごく気になる事があったので報告します。

朝この時間に目覚めたら、繰り返し同じ言葉が物質的な音として聞こえていました。

「繰り返しご連絡致します。（聞きとれませんでした）放送局のみなさんはみんなを連れて逃げてください」という何かの放送の様な声でした。最初は本当にそういう放送がどこかでされているのかなと思いましたが、あまりにも変なのでこれは霊聴だと気付きました。ボンヤリと響いた声で、中性的な宇宙人の様な声でした。最初自分に対して言っている、もしかしたら重大な何かなのかなと思って、とてもビックリしてリラ研に電話しようかなと迷いましたが（それくらいすごかったので）、自分に対して言っているというよりも、宇宙人のやりとりがたまたま聞こえてしまった様でした。丁度「宇宙音リラ」のＣＤの８か９辺りだったので、ＣＤの入っていたものだったのかな？ とも思いましたが、よく分かりません。ですが、ものすごくビックリしました。

2009 年 9 月 27 日（朝）
邪霊の邪気と自分の想念エネルギーのぶつかり合いを映像で見た！

霊に襲われました。

この日は朝起きても無理矢理寝てました。昼寝や朝いつまでもダラダラ寝ているといった乱れたスイミン状態の時は霊におそわれる確率がきわめて高くなります。この時もそれは分かっていたのですが、いつまでも寝ていられる誘惑に負けてダラダラと寝ていたら案の定おそわれました。霊（人霊おそらく女性）が来て背中に密着してきて背中をベロベロとなめられる。→ 金縛りを解いて霊をおいはらう → 意識が乱れるとまた霊が来るといった流れを２〜３回繰り返しました。その過程で**ザラザラネバネバとした異物を媒体に大量に入れられましたが、それを映像として初めて見ました。黒い砂の様であり、ネバネバもしている。透明なノリに砂をたくさん混ぜた様なもの**でした。また、この日は霊を追い払おうとして、意図的に意識状態を変化させていたのですが、そうする事による**想念エネルギーと想念エネルギーのぶつかり合いをある程度ハッキリととらえる事が出来ました。**テレビのチューニングを少しでも変えると、映像が乱れて砂嵐になりますが、それが空間で起こっている感じで、霊を追い払おうと**意識を高めると、エネルギーとエネルギーがぶつかり合って黒いイナズマの様なものがバリバリと発生**しました。**「神の子の祈り」を頭の中で唱えていくと、邪霊の存在する異空間が顕わになってきて、そこで（多分）男１人と女１人の邪霊がやきもきしていました（残念がっていました）。**

この日分かった事は、**邪霊は異空間から24時間常につきまといスキをうかがっている。**少しでも心にスキが出来ると、待ってましたとばかりに攻撃をしかけてくるという事です。火のついたロウソクを持ち歩きながら生活して、その火を消さない様に注意するくらいの細心の注意を常に自分の心に対して持っていなければならない、それしか対処法は無いと思いました。**神を決して裏切る瞬間がない様にしなければならない**という事です。

パート5 2009年10月～11月

- 因果律「あなたは私」の気付き
- 波長が合わなければ邪霊は手が出ない
- 見える光の分類

1 リョウレポート

「波長の法則」は厳然としてある。邪霊に襲われてもダメージなし、「あなたは私」の気付き

2009年10月1日　邪霊軍団が計画的に襲う

夜寝ていると計3回霊におそわれました。

1回目　サタン（邪霊）を「神の子の祈り」で撃退する

夢を見ていました。夢の中の空間が暗くなりました（霊に感応されている時の状況です）。いつもは夢の中でも邪霊におそわれると気付くのですが、この日は夢の中の世界にドップリつかってしまっていて、それが分かりませんでした。墓地の様な場所にいました。車の中で以前S地方から家まで来たという○会員の人と話していました。内容は覚えていませんが、自分の事を悪い方に悪い方にと引き込もうとしている感じでした。平静を保ってはいましたが、その人は異常になっていてすごく恐怖を感じていました。心を見抜かれた様に「本当は怖いんだろ」と言われました。今の会社の同僚（女性）がいて、心配そうにしていました。そこから世界が飛んで家の庭にいました。頭に違和感を感じて鏡を見ると、特大スズメバチが頭にとまっていました。「うわー」とビックリして目覚めると、霊に感応されていました。部屋を見ると青っぽい光がいました。「神の子の祈り」を唱えると、精神に向かって激しく攻撃してきました。それに負けない様にしっかり意識を保っていると、空間がはりつめた感じになってきて、ラップ音がバチバチと鳴りました。さらに心を強めて「神の子の祈り」を唱えていると、あきらめて去った様に感じました。この時来た霊は

ずっと以前からねらっているある程度、力を持ったサタンといった印象を受けました。昔はネオ・スピリチュアリズムの知識も一切なかったのでやられっぱなしになっていて、自分も半分サタン化していましたが、最近はこうなれたのでそれが気に入らず怒っている感じでした。集団リラでのサタン改悛の影響がどれくらい政治や経済に出ているのか分かりませんが、それで自分達の思う様にいってないのが嫌なのかなと思いました。

2回目　別の霊が幽体を引き抜こうとする

もうサタンも去ったかなと思ったので寝ようとしたら、次は別の霊におそわれました。この霊は1.5m位のエネルギー体タイプで、寝ていると顔の辺りにおおいかぶさってきて幽体を引き抜こうとしている感じでした。それもこらえて、だいぶ眠かったのでまた寝に入りました。

3回目　異物(邪気)を注入される、邪霊集団が徒党を組んで来ていた

どれくらいたったか分かりませんが、寝ているとさっきとはまた別の霊がおそってきました。この霊はよくおそいに来る常連だと思いますが、半分サタン化している男性の人霊です。背中からはがいじめにされ、背中をベロベロとなめられました。なめられてるというよりはむしゃぶりつかれているという感じです。この時はじめて分かったのですが、この時にグニャグニャとした異物を口から媒体に注入されている様でした。なんでいつもベロベロ背中をなめられるのかなとは思っていましたが、この時はじめて理由が分かりました。もがいたり精神を集中していると、霊がはなれました。部屋を見ると部屋の中の空気がだいぶ汚れてしまっていました。

この日は邪霊たちが徒党を組んで襲ってきてる感じでした。なので**襲われるのにも2パターン、こっちにスキが出来た時に襲ってくるパターン**と、**この日に襲うと決めて統率を組んで襲ってくるパターン**とありそうだという事が分かりました。

2009年10月3日
人霊ではないエネルギー体、サソリロボットか

霊に襲われました。

夜寝ている時に、1.5m位の球体のエネルギー体が顔の辺りにおおいかぶさってきて、すごい力で上方にひっぱられ、幽体をひきずり出されそうになりました。**このエネルギー体は人霊の感じではなかった**ので、例のサソリロボットか何かかなと思いました。

2009年10月5日　金ピカの変な世界

霊に襲われました。

夜寝て夢を見ていました。夢の中に不良の様な外人が出現しました。それと共に夢の中の世界がおかしく変化しました。そのおかしさがいつもの様に暗くなったわけではなく、むしろ金ピカに輝いていたのですが、言葉では言えない変な感じでした。その外人に「オレ達は善人に対して強いんだ」と言った趣旨の事を言われました。目覚めると半分サタン化した人霊（男）に背中から密着されていました。その人体感覚がとても気持ち悪く、振り払うと体にグニャグニャが侵入していました。

2009年10月6日　常連の人霊（男性）に襲われる

霊に襲われました。

夢の中でサタンと戦う夢を見ました。目覚めると実際に背中にくっつかれて襲われてました。おそらく常連の霊（男）かなと思いました。

2009年10月7日
ネオ・スピリチュアリズムの因果律がわかった

霊に襲われました（2回）。

1回目、夜寝ていると、男性の人霊が体に密着してきて口からグニャグニャを大量に体に注入されました。霊をふりほどいて部屋を見ると、天井に30cm位の黒い影が映って動いていました。形はあまりよく分かりませんでした。

2回目、同じ霊かは分かりませんが、また寝ていると男性の人霊が体に密着してきて、また口からグニャグニャを大量に入れられました。部屋を見ると30cm位の緑の光が顔の上でグルグルと回転して飛んでいました。形はボンヤリとしていて良く分かりませんでしたが、コウモリの様に見えました。

この日、**邪霊の中にもグニャグニャとした異物（毒物）を使用**し、**意図的に体に注入しようとしてくるタイプとそうでないタイプがいそう**だという事が分かりました。

この日はもうウンザリして「こいつらはなぜこんなに邪魔してくるんだ」と考えました。最初はもうこいつらは完全に無視してバカになりきって人類と地球に愛と奉仕をしていくしかない、と思いましたが、もっと色々考えていくうちにやっと**これは全て自分がまいた種で、自分の罪だったと気付きました。自分は過去において何度も何度も真剣に何かをしている人の邪魔を面白半分でしてきた**、そう言えばそうだったと思いました。その邪魔をしてきた過去の人達が今の自分で、邪魔をしていた過去の自分が今自分の邪魔をしている邪霊達だったんだと分かりました。本当に最低の連中だと思っていたのですが、それが**全て自分自身だった**のかと分かりました。「銀河鉄道の夜」の異稿で、セロの声の人が「カムパネルラはもういない。だけど**みんながカムパネルラだ**」こんな事を言っていて、その意味が分かった様な分からない様な感じで感動はしたのですが、ボンヤリとしていたのが、この日クリヤーになりました。**どんなに最低だと思う人間も、もう一人の自分なんだ**と分かりました。これは発展させると何一つ他人のせいには出来ない、むしろ出来様がないという事になります。**ネオ・スピリチュアリズム6カ条の「人の現在は自分が過去にまいた種の寸分狂いのない結果です」はこの事**だったのかと分かりました。

2009年10月8日
サタンは完全にボクの心の弱点を知り尽くしている

霊に襲われました。

夜寝て夢を見ていました。自宅の居間にいて何かしていましたが「そういえば今週も報告書をまとめなきゃ」と夢の中で思った瞬間、例の〇会員の友人が突然部屋の中に現れました。「なぜ、こいつがここに勝手に入ってきたのか」と恐ろしさでパニックになりました。逃げなきゃと思いましたがうまく動けなくてすわり込んでしまいました。そこを襲われ、気が付くと実際に邪霊に襲われていました。尾てい骨チャクラに何かされ、体の中にグニャグニャ（いつもとくらべて質感がだいぶやわらかい感じ）が侵入しました。

この日分かった事は**サタンは完全に心の弱点をにぎっている**という事です。**心のトゲを抜かなければ同じ心を持つ全ての人の心も救われず、その方法は自分を捨てて愛と奉仕をする以外にない**と思いました。

2009年10月10日　襲いに来たが、なぜか襲撃失敗した

霊におそわれました。

夜寝ていると、人霊（男性）が来て、体に密着してきた様でした。この日はとても眠くて、何かされても相手にしていなかったので良くは分かりませんが、霊が何かしたくても上手くそれが出来ないでいる感じでした。

2009年10月12日
邪霊軍団襲うが、ボクの心の波長が合わずにダメージなし

霊におそわれました。

この日は夜中、邪霊軍団におそわれ続けていた様でした。ですが、この日もとても眠くて一切相手にしていなかったので、あまり良くは分かりませんでした。寝てしばらくすると、1.5m程のエネルギー体タイプの霊が感応してきました。顔の辺りにおおいかぶさってきたらしく、気配で目覚めました。これは人霊の感じでは

なかったので、例のサソリロボットの類かなと感じました。また寝ていると次は人霊（男性）が感応してきて、いつもの様に体に密着してきて**グニャグニャとした異物を注入してきました。ですが、これは入れられると同時くらいにすぐに抜けていきました。**10月10日もそうでしたが、この日は霊の存在をとても希薄に（ボヤけた様に）感じました。例えば、ラジオを聞くときは、チューニングをピッタリに合わせないと音に雑音が混じってしまい、うまく聞こえなくなりますが、霊に感応される場合もそれと似た様な事が言えるらしく、この日は少しズレたチューニング状態で事が行われいてた様に感じました。それはなぜか？ という事になりますが、どうやら**最新ＣＤの「ヤコブの梯子のリラヴォイス」をずっと聴いているからではないか**と感じます。これは自分がそう感じるという事ですが、ＣＤ全体の効果というよりも、一曲目に入っている鎌倉の風の効果が強いのではないかと感じます。**「鎌倉の風」の物質体（歌、ピアノ、笛、舞）の奥にある霊的な何か（心そのもの、籠っておられる神様**、もしくは「鎌倉の風」を有志の方々が歌い、舞と笛も加わった時に感応して下さる霊的存在）が、どうやら自分の魂に合うらしく、**聴くと死ぬほど懐かしい**気持ちになります。「めくらぶどうと虹」で、虹にあこがれるめくらぶどうのあの感じに少し近い気がします。ですが、自分の場合は、憧れではなく**忠誠**です。その気持ちが曲を聴くたびに思い出して持続したので、その効果が強いのかなと感じました。もちろんＣＤ全体の波動の強さも影響してると思います。あと、結局**邪霊達も（この世に生きてるどんなに嫌な人間も）自分自身であると気付かせて頂いた**のも大きい気がします。

2009年10月27日（だったと思います）
波長がズレて全くダメージなし

この日は夜寝ている最中、人形の霊やエネルギー体タイプの霊におそわれました。しかし、それがズレた波長の中で行われていたらしく、全く気にならずダメージもありませんでした。

2009年10月30日
邪気（悪想念体）が矢のように丹田に刺さった。幽体での善い活動は記憶に残らない

この日は夜寝ている夢の中で、**誰か別の霊的存在と一緒に意図的に何らかの活動をしていた様**でした。内容はだいぶ記憶から消えてしまいましたが、覚えている事は意図的に活動していたという事と、その別の誰かは誰なのか分かりませんが、良く知っている人だったという事と、活動の内容は幽体でその人と動いて夜寝ている別の誰かに何かを働きかける内容だったという事です。前後の動きは覚えてませんが、幽体離脱する際にミスをして、意識がフッと物質次元に戻ってしまい、普段の幽体離脱状態になってしまいました。ここは邪霊がウヨウヨいて、モロに攻撃を受けてしまう境域なので「マズイ」とあせりました。徐々に目の前に**黒いイナズマの様な悪想念体が出現**してきました。それとともに、目の前にこんなものが出現しました。

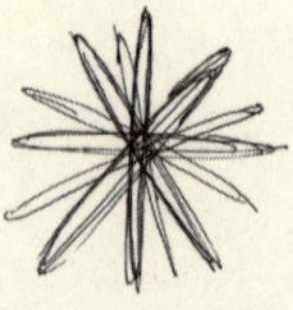

黒い糸で出来てる様でした。

想念体が矢の様な形になり、丹田をグサグサ刺されました。体に戻ると、目の前に直径50cmくらいの緑色のエネルギー体がいて、丹田にグニャグニャとした毒物が侵入していました。

分かった事は、**夢の中では当たり前の様にこの様な活動をしているが、波動が精妙な境域なので、記憶が一切残らない**という事です。誰でも普通にこういう事をしているのではないかと思います。この日はミスをしたので、たまたまその世界の断片の記憶が残りましたが、当たり前の場所だけど、物質次元に生きる人にとっては遠い世界なのだと思います。その波動がどんどん粗くなっていくと、物質次元に近付いていくので、記憶には残りやすいけど、邪霊達がウヨウヨいる地獄の様な世界になるんだと思います。自分の場合、気付いている時、幽体離脱した際行くのはこの境域であり、普段の生活で邪霊の存在にはすぐ気付くのに高級霊の存在は気付きにくい理由や、邪霊や低級霊ほど物理的心霊現象が得意な理由はここにあるのかと思いました。

その後寝ようとしていると、唐突にものすごく危険な空気を感じ「マズイ」と思った時はもう遅く、金縛り状態になり、男性の人霊に背中から密着され、後頭部にムシャブリつかれ、グニャグニャとした毒物を超大量に体の中に流し込まれました。「ウー」という気持ち悪い声を出していました。しかし、自分も過去において全く同じ事を誰か他の人にした訳であり、その時のその人が今の自分で、その時の自分がこの邪霊なので、この邪霊も自分自身なので、償っていくしかないと思いました。

2 リョウレポート

毒物（邪気）は人間の精神、心身を悪化させる、邪霊はサタンをリーダーに徒党を組み人を襲う

2009年11月1日
心が創造力である美しい世界で万物一体の幸福感を味わう

夢から幽体離脱の状態になり、霊におそわれました。

この日は夜、普通に夢を見ていました。その内容は様々に移り変わっていったと思いますが、ボヤけていて、あまり覚えていません。しかし、最終的にある不思議な場所に辿り着きました。そこは見わたす限りの花畑で、足元に30cm位の草花が茂っていました。それが地平線まで続いていましたが、地上世界の地球よりも小さく感じました。そして、花や草の色あいや、大気の輝きが地上世界の比ではなく、すさまじく美しい世界でした。幅1m位の土で出来た道がクネクネと地平線の方向に続いていて、そこを歩っていました。草花に見とれていたら、**「この世界の法則は心だ」と瞬時に分かりました。**（**誰かが教えてくれた**のかなと感じます。）そして、「ああ、そうか」と分かりました。（銀河鉄道の夜で、この世界は法則が全く違うと言っていますが、それに近い事だと思います）。だから、想像力（創造力）でどんなに美しい世界も造り出す事が出来、目の前の草花も心（神の心 → 人間はそれを担う者）であり、生命であり一体なんだと思い、**あらゆる生命、目の前の植物と一体になった感じがして、ものすごく幸せな気持ちになりました。この幸福感はものすごいもので、他の何にも比べる事が出来ない、とてつもなく尊いものです。**

（ここら辺りから少し我の心が出て来て）「じゃあもっと美しい世界にしてみよう」と思い、それを念じてみましたが変わりませんでした。進んで行った先が小高い場所になっていて、「じゃあ空も飛べるはずだ」と思い、下に向かってジャンプした途端、体がガクンと沈み、「しまったー」と思いました。一気に波長が物質に近いものになり、いつもの幽体離脱状態になってしまいました。そこは、暗く澱んだ水の底の様に風景が濁っていましたが、多分自分の部屋だったと思います。「ここで心を乱すと邪霊が来るから、心を静めて落ち着いていれば大丈夫だ」と思い、息をひそめてその空間をプカプカと漂っていましたが、なかなか戻れませんでした。邪霊が徐々に体に具現化してきたらしく胸に圧迫感を感じ始めました。どうやらグニャグニャを体に注入しているらしく、「早く体に戻れ」と焦りました。そこで体に戻る事が出来ました。（この日は邪霊の具現化のスピードが遅かった様に感じました。）体に戻ると、少し体にグニャグニャが混入していました。

2009年11月2日
CD「ヤコブの梯子のリラヴォイス」を聴いていると、邪霊が苦しんで暴れる

夜寝ている最中霊（男の人霊）に襲われました。

体に密着してきて、口から毒物（グニャグニャ）を注入してきました。この日はどういう訳か、強気でいられる事が出来、完全に無視して、かけっぱなしにしてあるCD「ヤコブの梯子のリラヴォイス」を良く聴いていたら、意識の中（自分からしたら、自分の意識の中に感じますが、実際は幽界下層辺りの空間だと思います。）で霊が暴れているらしく、「バチン」と意識がはじける様に

なったり、「グワー」という声が聞こえたりしていました。そのうち寝てしまいましたが、その後はなんともありませんでした。

2009年11月4日
超大量の毒物（強烈な悪臭放つ）を注入される

夜寝ている最中、男の人霊に何度も襲われました。

この日は、風呂上がりに自分の部屋に入った時から、おかしな空気を感じました。見た目は何も変わらず、どうおかしいとも言えないのですが、はりつめた感じです。（この日は違いましたが、霊におそわれる日は、部屋に臭いにおいがたちこめている場合が多いです）。しかし、それが微かなものだったので、「まあ気のせいか」、と思っていましたが、この日は手ひどくやられました。いつもの様に霊が来てはふり払い来てはふり払いを繰り返しましたが、回を重ねるごとに振り払う事が出来にくくなっていき、最後は金縛り状態で霊に密着されたまま、もがいていくうちに幽体離脱状態になり、それでもなかなか戻れず、やっと体に戻った時には**超大量の毒物**（**グニャグニャ ―― これはヘドロを何十倍にもした様な強烈なにおい**がしました。物質的にした訳ではないですが、それを感じました）を体に入れられていました。部屋を見ると10cmくらいの緑色の発光体が浮かんでいました。形はコウモリの様に見えました。量にして人間1人分位だと思います。この時はもう朝方だったので、そのまま会社に行きました。**四六時中、自動的に浄化**している様で、体から常に抜けてはいるのですが、それが全然おっつかず、**遠隔セラピー**(注)**で大部分抜けた**感じです。とてもスッキリしました。

（注）上記遠隔セラピー（11月7日）の報告を次に掲載します

(セラピー日記)

2009年11月7日　遠隔セラピー（リョウ記）

① 最初に邪気（おそらく数日前大量に入れられたもの）が大量に抜けていきました。

② 次に意識状態が変わり、（注、家族が一緒にセラピーを受ける相関現象の部分省略）

③ （ＣＤ２枚目に）変えてからは、邪気排出と雑念ばかり浮かんでました。邪霊っぽい人の映像も何度も浮かびました。

1年間で変化したリョウさんの浄化力

現　在　　　　1年5か月前

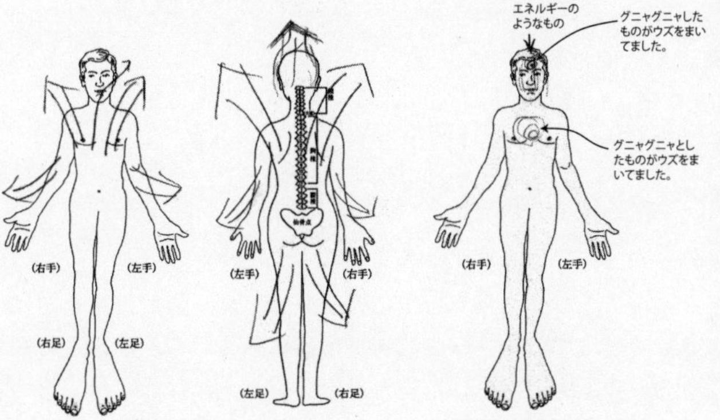

2009年11月7日　　　2008年6月1日

（注）自分の中に溜まった邪気（チャクラに渦巻いている）が全く浄化できない１年半前の状況

（セラピスト記）

大量の邪気を浄化し、邪霊の浄化さえもセラピーでおこなうようになったリョウさんの図と、1年5か月前の図（再掲載）（2008年6月1日）とを比べてみて下さい。これが人間の進化です。

リョウさんはわずか1年半前は自分の中の邪気の浄化すら出来なかったのです。ところが今は、大量の邪気を一瞬で浄化し、セラピーでは邪霊を浄化することも出来るのです。このちがいこそ、如実に人間の進化を示すものです。リラ自然音楽セラピーの実践によって、このように急速な幽体の浄化＝人間の進化が起こることを、リョウさんは身をもって教えてくれています。（リョウさんの進化はまだ序の口です。ここからが人間が天使のようにまで進化するスタートラインです。これは全ての21世紀の人に開かれた進化の道です）。

リョウレポート

2009年11月5日
宗教関係か？　サソリロボット系に襲われる

夢の状態から霊におそわれました。

自分が通っていた小学校の近くに宗教団体の大きな施設があり、そこのポストにイタズラをする夢を見ました。警察に声をかけられ走って逃げました。塀を登って民家に進入し、そこから傾斜の急な林を登って逃げました。だんだん林の土のにおいや、草の感じがものすごくリアルに感じられてきました。その辺りでフッと気付くと、グレーの1.5m位のエネルギー体に右肩の辺りを何かされていました。多分このエネルギー体は人霊の感じではなかったので、サソリロボットか何かかなと思います。右肩にグニャグニャが侵入していました。

2009年11月10日　常連の人霊に襲われる

いつも来る常連の霊（人霊、男性）におそわれました。(2回)

この日は、夜寝る前から意識にはりつめた感じがあったので、「もしかしたら来るかもしれないな」と思っていたら、案の定おそわれました。1回目（この前家に来た○○○会員におそわれる夢を見てとても苦しかったので目覚めたら、実際に霊におそわれていました。）は、普通に追い払って眠かったのでまたすぐ寝ました。2回目は、追い払った後、目を開くといつも飛んでいる緑の発光体（20cm程）が飛んでいました。それをもっと良く見ると、ドラクエに出てくるスライムに羽が生えた様な形をしていました。もう1体透明なミトコンドリアの様なものも見えました。上体を起こしている状態で意識を失いそうになったのですが、その途端スライムの方がグワーッと顔に迫って来ました。あまり記憶がハッキリしていませんが、なんとか追い払ってまた寝たと思います。

2009年11月11日　常連の霊に襲われる

いつも来る常連の霊におそわれました。(11月10日の霊とは多分別の霊だと思います。)

どの様なシチュエーションだったかは忘れましたが、気付いたらおそわれていて、幽体離脱状態で霊と格闘になりました。体にしがみ付いてきて右肩に口からグニャグニャを注入してきたので、相手の手をグリッとやって追い払いました。体からはなれた後もしつこく今度は股の間にグニャグニャを注入されました。

2009年11月12日　常連の霊に襲われる

いつも来る常連の霊（人霊、男性）におそわれました。（多分11月10日、11日の霊とも別の霊です）

この日は朝方に目が覚めました。意識状態が霊にモロにおそわれる箇所にあったので、マズイと思い起きようとしましたが、間に合わずにおそわれました。背中側から体をピッタリと密着され、グニャグニャを注入しようとしている様でした。もがきましたが、すごい力でビクともしませんでした。どういう訳かグニャグニャは注入されず、しばらくしたら金縛りが解けました。意図的にはグニャグニャは注入されませんでしたが、異物（この霊を構成している粗い波動、霊的原素かもしれません）が媒体に侵入していました。

2009年11月13日　同じ霊に2日続けて襲われる

昨日と同じ霊が来て、また同じ風にされました。

2009年11月15日
常連霊とそのリーダー格サタン（？）と激しい攻防戦
ＣＤ効果を削減する（？）機械が置かれていた！

この日はどういう訳か、いつも来る邪霊達に対して強い気持ちがわいて来て、「絶対にこいつらにいい様にされないでなんとしてものり越えてやる」と、そればかり考えてました。多分その波動が伝わってしまったんだと思いますが、夜中激しい攻撃に合いました。一人はいつも来る常連の霊と、もう一人強めの霊（サタン？）が感応してきました。寝ようと思い意識が薄くなると、耳もとでゴホンゴホンと咳払いをしたり、執拗に嫌がらせをしてきました。よくＣＤを聴いていると「ハイ無理だ　ハイ無理だ」と言われました。そうとう怒っている感じでした。「起きよう」と思うと、幽体離脱状態になりました。**ＣＤの方を見ると、黒いグロテスクな機械みたいのがあり**、「何だこれは」と思いました（ＣＤの横にあったので、ＣＤの効果を無くす為のものか何かかなと思いました）。その後、邪霊と激しくとっくみ合いの戦いになりました。

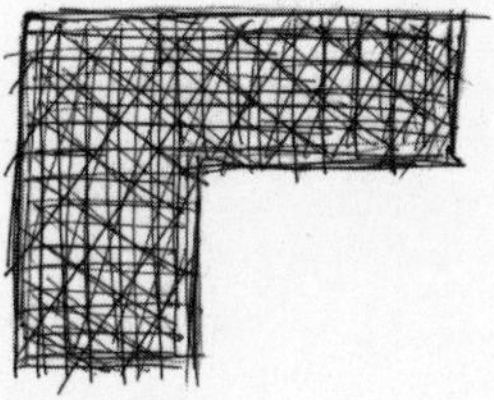

60cm 位でこんな形だったと思います。だいぶグロテスクでした。

体に戻り部屋を見ると、グレーの球体があり、それが 4m 程の蛇体をとり、天井の辺りをグルグルまわってました。だいぶ高濃度のエネルギー体に見えました。体の中にはグニャグニャが侵入していました。

2009 年 11 月 18 日
大量の毒物（グニャグニャ）注入されると、頭がボーッとして、変な妄想ばかり湧く

この日は何とも言えない危険な空気をかすかに感じていたので、「もしかしたら来るかな」と思っていたら案の定来ました。また

この日は買ったばかりの**CD「ヤコブの梯子のリラヴォイス」で音とびがあり、「大祓」でも音とびがあった**ので、確実におかしいと思いました。寝ている所、いつもの様に邪霊（おそらく11月15日に来たどちらの霊とも別もの）が来て、体にグニャグニャを注入してきました。1回目でかなりの量注入されてしまい、追い払ってからすぐに浄化しはじめましたが（しようと意識した訳ではないですが勝手に）2回3回とおそわれ、その度に大量の毒物（グニャグニャ）を入れられました。首スジにかみつかれ注入されるのですが、相手は自分の事をつかんだり出来るのに、自分が手で振りはらおうとすると手がスリ抜けてしまい、「そんなバカな」と思いました。このグニャグニャは何とも言えない嫌な臭いがしました。起きるとグレーの球体が、2m程の蛇体をとっていました。このグニャグニャを浄化するのは大変で、まだ完全に出きっていません（今日は11月20日）。

やられた次の日は仕事中完全に頭がボーッとしてしまい、変な妄想ばかりわいてきました。

2009年11月29日
シワだらけ2本指の邪霊の手と、ＵＦＯのようなロボット型邪霊を見た

夢から幽体離脱状態になり、邪霊におそわれました。その流れです。高校時代の友人5～6人と学校の様な場所に居る夢を見ていました。夢の中の空間の色合いは、グレーとモノクロが混ぜ合わさった様な感じで、近未来的な感じでした。この近未来感は、地球の生命を無視して科学だけを発達させた様な無機的なものでした。その場所で、どういう訳か突然友人の一人を馬飛びをして飛び上がりました。飛び上がり、体が宙に浮くとそのままガクンと幽体離脱の状態になりました。この空間は邪霊がウヨウヨいる超危険地帯なので、早く体に戻ろうともがきました。そうしているうちに邪霊につかまってしまい、背中からはがいじめにされました。この時の生物的な人体感覚が、とても生々しくとても気持ち悪く感じました。早く体に戻ろうと目を開けると、幽体の目が開いてしまい、幽界の風景が見えました。そこで自分をおさえつけている邪霊の手が見えました。大きさは普通の人間位で、年寄りの様にシワだらけの手で、なぜか指が２本しかありませんでした。色は少し白っぽかったと思います。もがいているうちに体に戻れました。

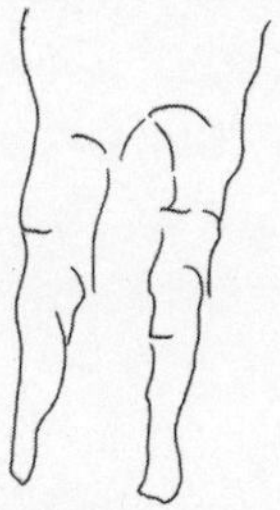

大きさは普通の人間位。色は白っぽかったと思います。年寄りの手の様にシワシワでした。なぜかこの様に指が２本しかなく気味悪く感じました。

体に戻り目を開くと、天井に邪霊の姿の影が映っていました。直径50cm位のＵＦＯの様なロボットの様な、高度の機械で出来ている様でした。２～３秒程天井を動きまわった後、窓から外に出ていきました。体にグニャグニャとした毒物が侵入していましたが、とても眠かったので、とにかく寝ようとしていると、自分の意識の中にふいに変なものが飛び込んできたり、「ゴホン」という咳払いが何度も聞こえてきたりしました。これはおそらく邪霊が幽界から自分に感応しようと必死に暴れまわっている表われなので、それに負けない様に意志をしっかり保ち、「神の子の祈り」を唱えました。邪霊は自分の意識を支配しようと激しく抵抗し、攻撃してきましたが、こっちもそれに負けない様にしっかりと気合いを入れて「神の子の祈り」を唱えていると、あきらめた様で、その後は何事も無く寝られました。今回２本指の邪霊とＵＦＯの様な機械の２つを見ましたが、これらはおそらくは同一の霊ではない様に感じます。２本指邪霊は、人間的な感情を持っている様でしたが、ＵＦＯロボットの方は姿のまま無機的な感じでした。また、2本指邪霊は、地球の霊といった感じでしたが、ＵＦＯロボットの方は分かりませんが、地球外の高度な科学力を持つ何者かといった印象を受けたので（これはクモやサソリもですが）、やはり**地球外悪宇宙人と、地球の邪霊が協同している**のかなと思いました。

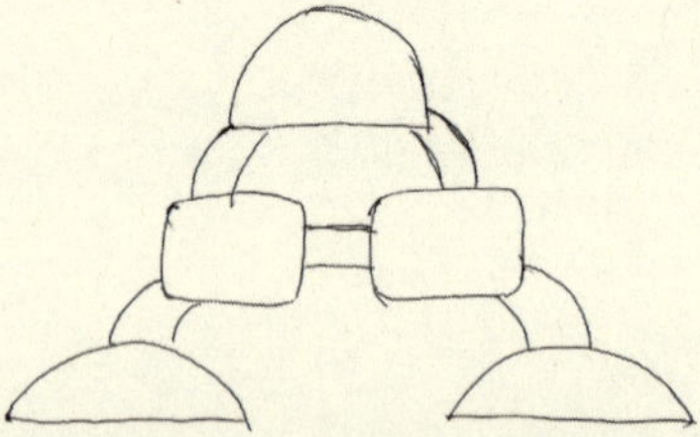

本当はもう少し複雑だったと思いますが、おおよそこんな感じでした。影しか映ってなかったので色等は分かりませんが高度な機械の様でした。

邪気（グニャグニャ）について
2種類ありチャクラから排出する

話は変わりますが、体から出てくるグニャグニャとしたものには、やはり2種類ある様に感じました。

① 邪霊に入れられるもの。
② 自分の幽体にシミ込んでいるよごれが浮き出してきたもの、
です。

①と②は質感がほぼ一緒なので区別がつきにくいですが、①は、邪霊の種類によりにおいや質感がかすかに異なっている様です。②はどうやらチャクラを通して幽体の深い部分からどんどん出て来る様です。どのチャクラからか？ は、ノドや胸やミゾオチや丹田が多く、それらはほぼ均等している様です。たまに額から出る時もあります。今月号にカルマ所有者のセラピーの様子をＢＢさんが霊視したものが載っていましたが、「チャクラから黒いススがモクモクと出ていた」と書いてありましたが、まさしくそんな感じです。ですが、今まで気付かずに邪霊にさんざん入れられたグニャグニャが、幽体の奥までシミ込んでしまっていて、それが再びセラピーでチャクラを通して浮き上がってきているという可能性も考えられるので、ハッキリとは分かりません。

3 (リョウレポート) 見える光の分類です

——2009年11月29日提出

（注）セラピストがリョウさんに、「邪霊や邪気などよくないものだけでなく、善いもの、例えば光などは見えないのか」と質問したことに対して、次のようなレポートを提出してくれました。

〈共通して言えること〉

・これは一体何の光なのか一切分かりません。

・全て見ようと思って見えるのではなく、勝手に見えてしまいます。（見ようと思って見えた事はありません）。

・いつから見えはじめたか？　は、去年（2008年）の8月位からだと思いますが、最初はチカッと光る光の粒しか見えなかったものが最近ではもっと色々なものが見える様になりました。ですが、身体や精神の周期（2～3週間から数か月）により、よく見えたり見えなかったりの時期がある様に感じます。

・以上より、まさか邪霊が慢心させる為に見せているという事は無い様に思いますが、とらわれてはいけないと思い、なるべく一切気にしない様にしていました。ですがどんなものが見えるか、一応報告します。

〈青い光〉

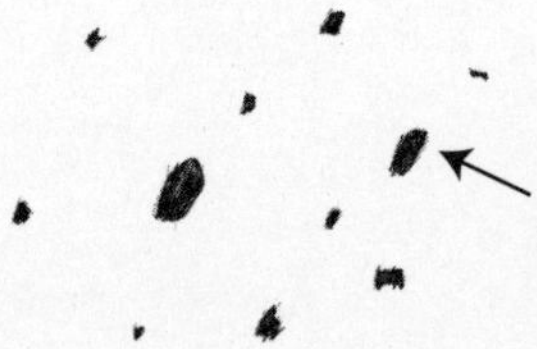
1つの大きさは
数ミリから1cm程度

・一番よく見える光です。
・リラをすると、自分の顔の前に1粒から5, 6粒現れます。
・輪読会をしていると、発言者により同様の光が現れます。名前を出していいか分かりませんが、よく覚えているのは、T・Hさん、T・Mさん、W・Rさん、山波先生も講座中等、体のまわりに現れます。
・この光は本を読んでいる時、本に現れたりもします。

〈生きた光そのものの様な美しい光〉

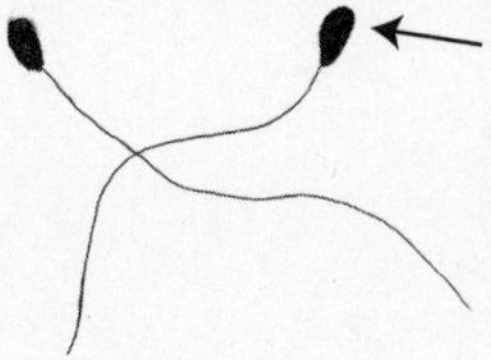
この様に空中を
ピューンと飛びます。
色は白とも金とも
言えない色で、まばゆく
とても美しいです

・この光は自分でリラをする時、自然界や命に対する愛の気持ちが最高点に高まっていると現れます。今まで数回しかありません。空中をピューンと飛んだり、自分に向かって飛んできたりします。
・これと同様の光はたまに青木先生からピューンと飛んで来ます。

〈リラの光か分かりませんがその様に見えるもの〉

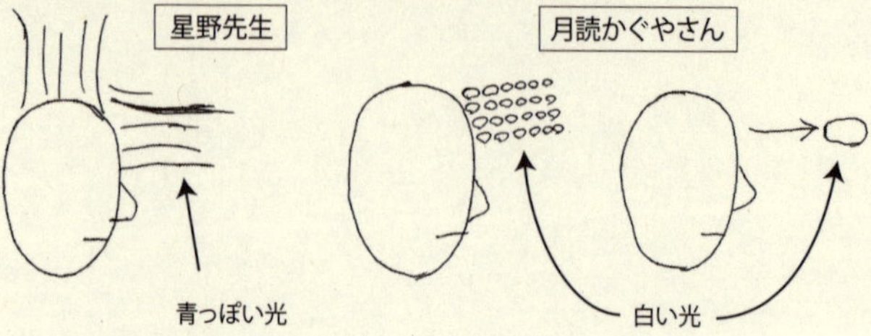

・覚えているだけでこの二人しか見えた事がありません。
・これはリラ発声中ではなく、講義の時、話している時にこの様に見えました。

〈感応している霊の光か分かりませんが、その様に見えるもの〉

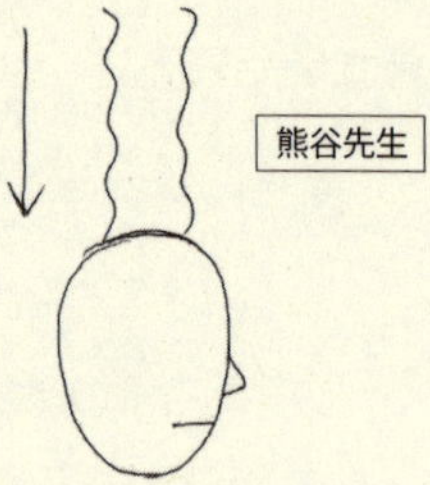

・白い霧の様に見えるもの。
・「輪読会」をしているとたまにこの様な光が注がれています。
・以前「自分達は地球を救わなければいけない」という話をされている時にこの光が降っていたので「やはりか」と思いました。

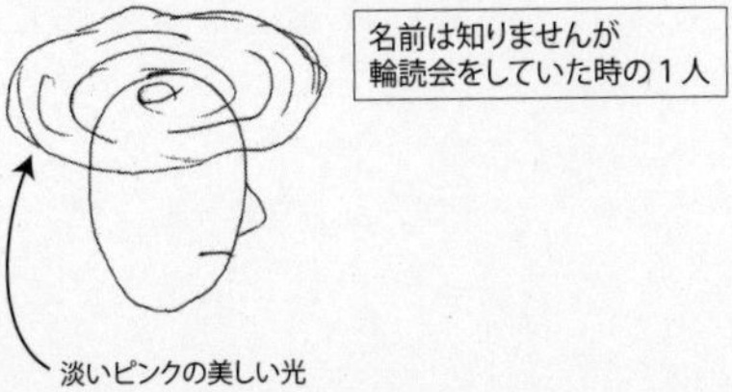

・この方は自分の息子さんの問題を涙ながらに語っていたのですが、その人を守る様に頭の上に現れていました。自分の苦しみに対する涙ではなく、人の苦しみに対する涙（＝愛）ならば、やはりその人を強く守るのかと、その時感じたのを覚えています。

〈オーラと思われるもの〉

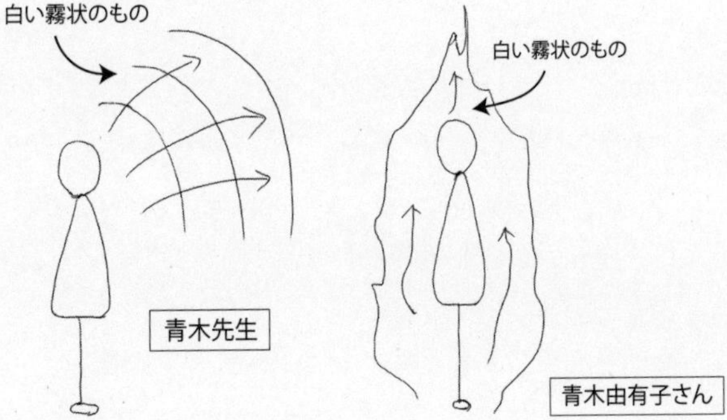

・(青木先生)「歌唱講座」や「歌うセラピー」の時、発声の見本で声を出される時たまにブワッーと巻き起こる様に現れます。
・(青木由有子さん) 舞台で歌っている時等に見えます。

〈パッと光ってすぐに黒く焦げた様になって消える光〉

・1ミリ位の白とも金とも言えない光がパッと光り、すぐに黒く焦げた炭の様になって消えてしまいます。
・この光は自分で本を読んでいたり、文章を書いている時等によく現れます。

〈超高級そうなまばゆく美しい光（神の光）と金粉〉

月読かぐやさん

・去年（2008年）の9月のコンサートの時に見えた、これまでに見たこともないまばゆい光です。
・「鎌倉の風」が始まった途端に、体のまわりにこれまで見たこともない超高級そうな眩く美しい光がピカピカッと現れました。この光は2秒ほどですぐ消えてしまいました。
・この光はとても眩く美しいもので、きっと神が感応された光に違いないと思いました。
・その後、神（超高級霊的存在）が降臨され、かぐやさんを媒体として活動されてました。妄想かと思われるかもしれませんが、会場の空気や雰囲気からしてそうとしか思えませんでした。終始舞っているかぐやさんの体のまわりには、金粉の様なものが舞っていました。
・舞いのキメのポーズの時（「緑の風吹く」の時）手に持っ

ている扇子から闇をさく様な光線が会場全体に注ぎ、
会場全体を浄化していました。
・光や生命の巨大さやエネルギー量、神々しさが、人間では到達不可能の域にあったので、やはり神だと思います。

〈色々な色の光――赤、オレンジ、黄色、ピンク〉

・人の顔の前にチカッとした光で現れます。
・青木由有子さんが歌っている時や、星野先生が講義している時によく現れます。
・この様な光は、会社で上司が朝礼をしている時にも現れます。

〈自然界の持つ光――「緑の風運動」の時〉

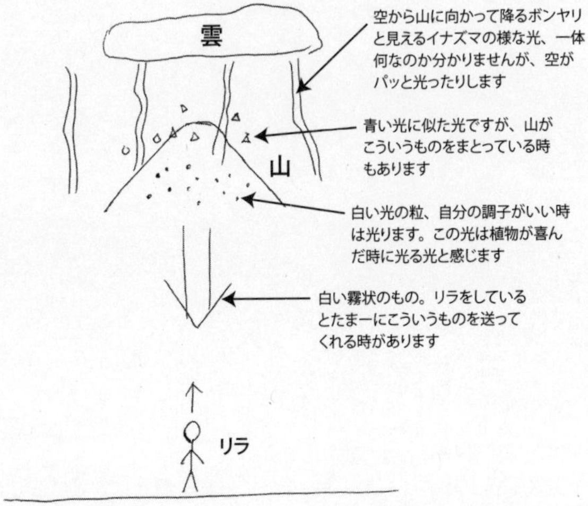
雲
空から山に向かって降るボンヤリと見えるイナズマの様な光、一体何なのか分かりませんが、空がパッと光ったりします
青い光に似た光ですが、山がこういうものをまとっている時もあります
山
白い光の粒、自分の調子がいい時は光ります。この光は植物が喜んだ時に光る光と感じます
白い霧状のもの。リラをしているとたまーにこういうものを送ってくれる時があります
リラ

・空から山に向かって降るボンヤリと見えるイナズマの様な光、一体何

なのか分かりませんが、空がパッと光ったりします。
・青い光に似た光ですが、山がこういうものをまとっている時もあります。
・白い光の粒、自分の調子がいい時は光ります。この光は植物が喜んだ時に光る光と感じます。
・白い霧状のもの。リラをしているとたまーにこういうものを送ってくれる時があります。
・これはまさか自分のリラの力でこうなってるとは思ってません。
・邪霊が見せてるか幻覚でないとしたら、多分この山（自分は勝手に御神体だと思ってます）を中心に自然界で、ある霊的な仕事が行われていて、その仕事に人間代表として自分が参加させてもらってるから、たまたまそれが見えるのかなと解釈してます。

〈霊体か本体か分かりませんがその様に感じるもの〉

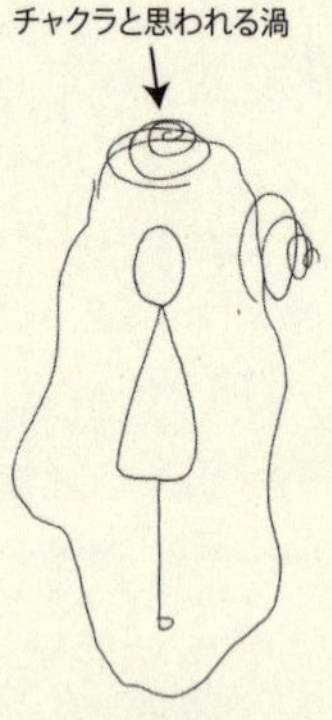

山波先生

・これは山波先生に特に顕著に見えます。
・見えると言うよりも高エネルギーの空気の層として感じるといった感じです。
・青木先生も似た様になっている時があります。

〈人が引き寄せる霊的原素の様なもの〉

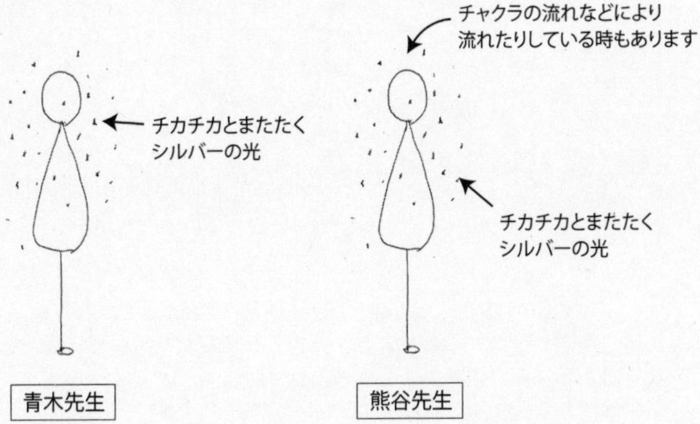

〈その他〉

本に現れた光

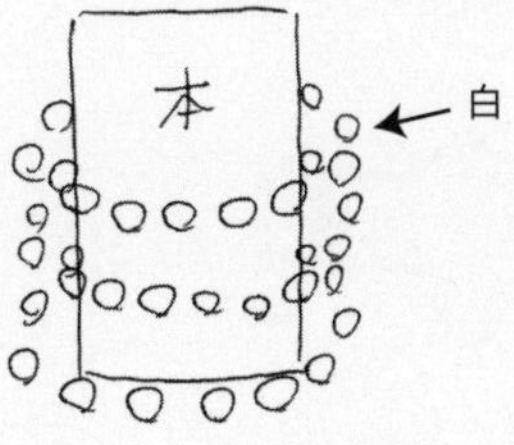

・以前手塚治虫の「ブッダ」という本を読んでいた時、命に対する愛の気持ちが最高レベルに高まってきて「一体生命っていうのはどうなってるんだ」と強く思った事がありました。その時手に取った本（マンガ）がこの様に光ってました。月読かぐやさんの額から出てた光とよく似ていたと思います。

山に現れたカラスの様なもの

・以前（今年の春頃）、山（いつもリラをしてる山）に向かってリラをしていたら現れました。カラスの様に見えたので最初はカラスかなと思いましたが、全く羽を動かさないで飛んでましたし、大きさがハングライダー程あったので、霊的な何か（あまり良いものではない）かなと思いました。これは山にもともとしみついていたものが、こうして現れたものと感じました（邪気排出）。まさかリラの力ではなく、たまたま山がこういう活動をしたのだと思います。

顔のまわりに現れた黄金の光

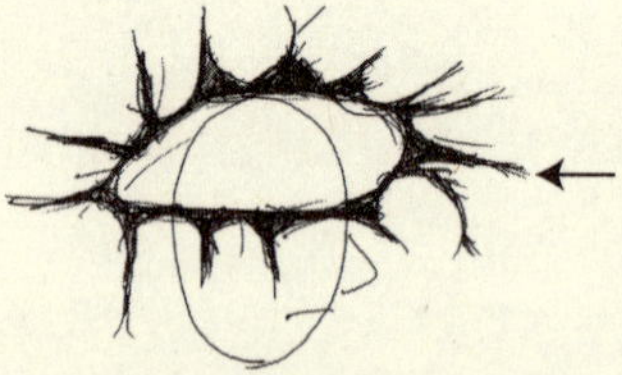
絵がだいぶ下手ですが、
したたり落ちる様な
感じでした

・以前（今年の春頃）、いつもの山に向かってリラをしていたら顔の前に現れました。ハチミツをたらした様な感じで、黄金の光がこの様に現れました。

パート6

2009年12月〜2010年1月8日

- 邪霊がセラピー場に引き出されるのは最後の審判だ
- 自己の使命への目覚め、浄化槽の役割

1 リョウレポート

邪霊軍襲撃のメカニズム、念波の闘いの対処法

2009年12月2日　カラス天狗（自然霊）に襲われる

この日は夜寝る前から多少、霊の感応の様なものを感じていました。霊の感応があるからといって毎回襲われる訳ではないので、この日も大丈夫かな思い、普通に寝ていました。ですが、夢の中で、突然違和感を感じ目覚めると、霊に襲われていました。「やっぱり来たか」と思い、天井を見ると、1m程の黒っぽい球体と同じ様な10cm程の球体が浮いていました。「どうしようかな」と思いましたが、とても眠くて何かする気にもなれなかったので、無視して寝ようとしていると金縛りに合わせてきたり、色々としつこく攻撃してきました。「こいつはやけにしつこいな」と思いましたが、そうこうしているうちに、この霊はいつも来る霊とだいぶ違うという事に気付きました。まず力がバカに強いのと、普通の霊は金縛りに合わすと、すぐにくっついてきてグニャグニャとした毒物を注入してくるのに、この霊にはそれがなく、ただ金縛りにしておさえつけてくるだけでした。そのうちに映像がとび込んで来て霊の顔が見えました。顔中黒い毛（羽）が生えている様に黒く、目はつり上がっていて、口はクチバシの様になっていました。その後、幽体離脱っぽい状態になり、相手と対峙しましたが、体は仮面ライダーの様でした。

あまりにもしつこいので、こっちもイライラして、殴りかかってヒザ蹴りを喰らわせましたが、力があまり出ず、逆におさえつけられました。そうこうしているうちに、この霊がだいぶ怒ってい

るという事も分かりました。その後体に戻り目を開くと、今度は黒いカラスの羽の様なものが飛んでいました。そこで、「ああ、こいつはきっとカラス天狗か」と気付きました。もう明け方でしたし、こっちもだいぶウンザリしていたので、「大祓」は使わないと決めたのに、「天狗にも効くかどうか実験してみよう」と思い、かけてみると、その後は来なかった様です。

なぜこんな霊が突然来たのか最初不思議でしたが、そのうちに「ああそうか」と思いあたる節があることに気が付きました。この日は夕方、家の近くの神社で鎮守の森運動のつもりで、いつも山にしている様にリラをしてきました。この神社は、緑の風運動を始める時にここでもやろうと思い、何度か下見に行って、実際リラもしたりしていた場所でした。場の空気がものすごくキレイで、高い気も感じる場所で、「ここでやったらいいな」と思っていた場所なのですが、かすかなよく分からないひっかかりがあったので、こういうのを感じる時はやらない方が無難だなと思い、そのままにしていたのですが、この日はどういう訳かこの神社で無性にリラをしたくなり、仕事帰りに行ってきました。その時感じたひっかかりの正体がこの日来た天狗かどうかは分かりませんが、この天狗は天狗といっても良い天狗ではなく、だいぶ邪霊化していて、この神社の鎮守の森に住み、カラスを操って悪さしている邪霊といった印象だったので、神社であんな事やったからきっと怒って夜、仕返しに来たんだなと思いました。

この天狗は確かに邪霊化していましたが、どこかマヌケで賢治童話に出てくるキャラクターの様に憎めないものを感じました。『小桜姫物語』に天狗は力が強いと書いてありましたが、本当に強かったです。この霊が本当に天狗（カラス天狗）かどうかは確証はありませんが、何らかの自然霊ではあると思います。おそらく人間の悪想念でこうなってしまったんだろうなと思うので、**こういう自然霊は浄化して守っていかなければならない**なと思いました。その為にも地球人や昆虫ロボットを操っている連中をはやくなんとかしなきゃいけないなと思いました。

2009年12月9日
地デジ対応薄型テレビは悪宇宙人とつながっている？
善霊のサポート

霊におそわれました。

この日は、仕事から帰ると2、3日前にずっと使っていた古いブラウン管のテレビがこわれたので、新しいテレビが買ってきてありました。今出まわっている薄型の地デジ対応のテレビで、これは先入観や偏見も入っているかもしれませんが、ものすごく嫌な波動を感じました。その波動の雰囲気になんか見覚えがあるなと思い、よーく探ってみると、この間夜襲いに来た、2本指の霊と連動して働いていたＵＦＯの様なロボットに近いものを感じました。「やはりそうか」と思ったのですが、**今世間に出回っている薄型テレビや、小型のゲーム機器といった人間の便利さや快楽を追求したデジタルの風潮はどんどん元を辿っていくと、昆虫型ロボットやそれらを操る悪宇宙人と繋がっているのではないか**と感じました。その雰囲気を言葉で表現すると、地球の命、風や雲や大地に宿る生命の流れ、それらを一切無視して、人類の為だけに物質科学をいたずらに発展させていった無機的なもの（破壊的なもの）といった感じのものです。連中は人類をその方向にもっていく為に、大元は断たれたとはいえ「あわよくば」と思っているのではないだろうかと感じました。

以上は直感やイメージからの想像なので、信憑性はありませんが感じたままです。とにかく、地球人にははやく自然界の命を大切にするようになってほしいと思いました。

そのテレビの悪波動が原因だと思いますが、この日はイライラしていました。このイライラが原因でこの日は邪霊が来たのかなと感じました。イライラすると嫌な妄想がわいてきたりしますが、その様な日は襲われる事が多い様です。意識的にそれをストップさせると攻撃をふせげる様で、**波長の法の送信念波に本当に反応している**らしいという事が分かりました。

夜、波動の低い夢（数人の不良と悪い事をしている夢だったと思います）を見ていたら、邪霊（おそらく常連の人霊）におそわれました。ですが、すぐに意識を固めてブロックしました。天井を見ると緑色の発光体が、ムンクの叫びの形態をとっていました。

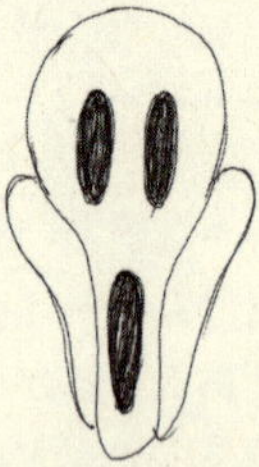

30cm 程　色は緑

「どうしようかな」と思いましたが、眠かったので、ボンヤリとした意識で「神の子の祈り」を唱えていると、霊が激しく意識に向かって感応しようと攻撃してきて、意識がグラグラゆらぎました（『ワードの死後の世界』で、どこかの霊と対決する場面で似た描写がありましたが、本当にそんな感じです）。こっちも必死で意識をしっかり持っていたのですが、一度あやうく体に密着されてグニャグニャを注入されかけました。「まずい」と思い、集中して「神の子の祈り」を唱えていると、そのうち朝になってしまいました。

善霊のサポートか —— カラオケ大会の夢

この前日（12月8日）は、同様に波動の低い夢で、邪霊が感応しようとするのをもしかしたら善霊が守ってくれたのではないだろうかと感じるものがあったので、念の為、報告します。

会社の友人と、深夜の街中をブラついている夢を見ていました。この街は普通の街だったのですが、どこか繁華街の様で、低い波動のものでした。友人がどんどん先に歩いていき、その後を追っていたのですが、突然ギャルの様な数人の女性に声をかけはじめました。「うわ、やめてくれ」と思ったのですが、見ているとこれから遊びに行くという話になったらしく、「お前も来るだろ」と言われました。断ろうと思ったのですが断れず、じゃあ一時間だけならいいかと思い、ついていく事になりました。カラオケに行くという事で話がまとまり、「カラオケか、嫌だなぁ」と思い、リラ研の歌唱講座の事なども頭によぎり、もうだいぶ行ってないし、うまく歌えないだろうなとか考えてました。そうこうしているうちに着いてしまい、部屋の中に入りましたが、始終夢の世界の空気がハリつめていて、邪霊に襲われる種類のものでした。ソファに座って曲を選んだりしていると、突然なぜか家族（両親と弟）が出現しました。メンバーが家族プラス友人とナンパした女性２人になりましたが、そのとたん友人と女性２人の存在が薄らいでいき、家族でのカラオケ大会（家族でカラオケに行った事はありませんが）の様になりました。それと共に温かな空気が空間を満たしていき、はずかしさはあったのですが、ものすごく安心して、もう大丈夫だと思いました。弟が大声で歌いだして、「おい遠慮しろよ」と思いましたが、友人や女性を見るともうすっかり影が薄くなってしまっていて、虚ろな表情で「やられた」といった感じでした。その後は覚えてませんが、何もなかったと思います。

この夢を分析すると、おそらく夜寝ている所に邪霊が来て感応しだして、それに負けてしまいそうになった所を善霊が割って入って助けてくれた。邪霊が友人やギャルの様な女性、善霊が家族の姿をとって夢の中のキャラクターとして出現し、この様な内容の夢になった。分かりませんがこの様に想像しました。

ですが、最初から一緒についていくのをしっかりと断っていれば良かった話で、自分は昔から、優柔不断で、嫌な事や、いけないと分かっている事も断われない性格なので、これだけ邪霊におそわれるのはこういう性格にもよるのかなと思います。なので、夢で現実でもこういう場面ではしっかりと断わる練習をさせられているのかなとも思いました。次はしっかりと断わろうと思いました。

2009年12月10日　邪霊の攻撃法、その対処法

この日も邪霊が来て何かしようとしていたみたいでしたが、波長が違っていたらしく、あまりそれを感じませんでした。

霊が来ると、**まずは波長を同調させようと強力に念波を送ってくる**様です。その**念波がフイにイメージに飛び込んで来る気味の悪い人の顔になったり、時には霊の声や咳ばらいになる**様です。それに**こちらが負けてしまうと、霊は具現化が可能になる**らしく、人体をとり体に密着してきて**グニャグニャを注入してくる**様です。

念波同士の戦いの時に、こちらも強力な念波（「神の子の祈り」）を相手に送り、うち負かす事が出来れば去っていくようです。

この日は意識的にそうしようとした訳ではありませんが、相手の発する念波にこちらが同調しなかったらしく、相手の存在がズレた様にボヤけて感じました。

2009年12月15日
念波の闘いで邪霊を撃退する、霊が具現化するメカニズム

霊が感応してきました。

この日はどういう訳か、リラ自然音楽の植物の歌がとても聴きたくなってきて、「妖精のうたごえ」を寝っころがって聴いていました。聴くとすぐに心が久しく忘れていた方向に向かい、「ああ、そうだ、この感じだ」と原点に戻った気がしました。その感覚の中に浸って、心を同調させていると、大変癒され、そのおかげか体にたまっていた邪気の様なもの（グニャグニャ）がだいぶ浄化されました。

その状態をしばらく続けていましたが、かすかな違和感が混じってきていた事に気が付きました。その違和感がとてもかすかなも

のだったので、意識では拾えず無意識で感じていました。それがだんだんと表面に現れてきて、変な考え（これは自分で考えるのですが、自分でもなぜこんなことを考えてしまうんだろうと思う様なおかしな考えです）や、気味の悪い映像へと変わっていきました。

この辺りでようやくこれは邪霊が感応しだしてきたなと気が付いて、邪霊の出す念波に同調しない様に、気をしっかりと持って「神の子の祈り」を唱えたり、音楽の方に意識を向けたりしました。邪霊も負けじと念波（想念波動）を強めたらしく、意識がグラつき、また変な妄想や映像が浮かびだしました。こっちももっと心を強めて「神の子の祈り」を唱えていると、意識の中（幽界）で邪霊がイライラして暴れはじめ、邪霊の声や咳ばらいが聞こえてきました。それでも意識をしっかり保っていると、この日はなんとか念波同士の戦いに勝てたらしく、その後は普通の状態に戻り何事もありませんでした。

霊が感応しようと想念の波を送りだすと、それがフイにとび込んでくる変な考えや映像になる様です。そこで何もせず身をまかせていると、高い波が低い波をのみ込み、やがて同じになってしまう様に、意識が同調してしまう様です。その状態になると霊は具現化が可能になる様です。厳密には具現化する訳ではなく、幽界は様々な段階に分かれている様ですが、それは波長（波、波動の幅やきめ細かさ）によって分かれている訳であり、**自分の媒体がその境域の波長の振動数に同調してしまうと、お互いふれ合える状態になってしまう訳であり、それが霊が具現化するメカニズム**だと思います。（余談ですが、これを逆に考えると、自分の波長を高級で精妙なものに近づけていくと、高級霊も実際具現化し、

目の前に現れるという事になります。そんな事はしませんが、出来ませんし、会ってみたいとは思うので）

2009年12月17日
2種の邪霊の連携プレー襲撃にやられる

霊におそわれました。

夜寝ている最中に霊におそわれたのですが、この日は霊の接近に全く気付きませんでした。気が付くと霊に幽体をひきずりだされたらしく、幽体離脱状態になっていました。確認した訳ではありませんが、雰囲気から２種類の霊が働いている様に感じました。１つはこの間来たＵＦＯ型ロボットかもしくはそれに類するものと、もう１つは人霊です。どうやらＵＦＯ型ロボットが気付かれない様に幽体をひきずり出す役で、人霊が色々な霊的攻撃をする役だったのではないかと感じます。幽体離脱状態の世界（幽界）は、見えていたと言うよりも感じていたといった方が近いと思いますが、言葉で言うのは難しいです。無理矢理言葉にすると、色合いはオレンジ系統もしくは金色で、あまり生物感（生命感）は感じませんでしたが、そこまでモノクロで無機質という感じでもなく、ハイテクな科学力が駆使されている様でした。ロボットに体を引きずり出された状態で、「早く体に戻らなくては」と色々とがんばってもがいている中、人霊の方は何をする訳でもなく、かなりの間こっちを観察している様でした。そのうちに、ある事を思った（想った）のですが、（何を想ったか覚えてませんが）その途端、人霊の方に、頭（幽体の）をポンと叩かれました。この人霊は何を考えていたのか分かりませんが、どうやらからかっている様なバカにしている様な気持が何割か混じっていた様です。その後はすぐに体に戻れました。

この一連の出来事自体、だいぶボンヤリとした意識状態（もしくは半分夢も混じっていたかもしれません）だったので、この文自体どの程度真実か（というのは後で、その時強く残った印象から記憶を作り変えていないだろうかという事です）分かりません。なので、あまり信用にも値しないと思いますが、この出来事がありこの様な印象を受けたというのは本当です。

次の日は頭をポンとたたかれたせいか、頭が重く、若干痛かったです。ボーッともしていました。

2009年12月18日
精神をほったらかしにすると邪霊の餌食になる

霊におそわれました。

この日も、夜寝ている最中、霊（この霊はいつも来る常連です）におそわれたのですが、昨日同様、霊の接近に全く気付きませんでした。気が付くと体に密着して霊が具現化していて、口からグニャグニャを注入している（もしくはしようとしている）様でした。なんとかもがいて振りほどきましたが、この日はものすごく眠かったですし、気力もなく、いつもは神の子の祈りを唱えて念波でおっぱらおうとするのですが、そのままボーッと意識が薄くなってしまいました。すると「グー」という気持ち悪い声が２度程聞こえ、再び霊が具現化しました。「よーくこいつの顔を見てやる」と思うと、今度は映像も見えたのですが、それがすさまじく気持ちの悪いものでした。ほとんど霊の口しか見えなかったのですが、その口が顔の大きさくらいありました。そのバカでかく気持ちの悪い口で、自分の口に吸い付いてきて、音もはっきりと聞こえたのですが「チュッチュッ」と延延と吸ってるんだか何かを注入しているのか分かりませんが、その様にされました。ものすごく気持ち悪かったので全力でもがきましたが、なかなかほどけず、振りほどくのにかなりの時間かかってしまいました。通常の状態に戻ると今度は意識も少しハッキリとしたらしく、「神の子の祈り」を唱える事が出来ました。頭の中で繰り返し繰り返し唱えていると、またしつこく感応しようと念波を送ったり暴れたりしている様でした。こっちももう負けてられないので、意識が何度もグラグラとゆれましたが、それでもしっかりと保っていると、その後は大丈夫でした。

だいぶグニャグニャを入れられてしまった様で、次の日は頭がボーッとして、体の中でグニャグニャが動きまわり、始終、頭や口や肩から抜けている様でした。あと、浄化の為か、たまに体がカーッと熱くなりました。

なぜ手ひどくやられたか、危険に気付かない意識状態を反省

なぜ12月17日、18日の2日はいつもと違って霊の接近にも気付かずこんなに手ひどくやられてしまったのだろうと考えました。まず、この2日間をふり返ると、**意識の状態がほったらかし**になっていた様に思います。それは危険なことに危険と気付かない危険な状態です。例えると、イジメがあたり前になっている環境に子供がおかれると、最初は抵抗があってもだんだんとそれに慣れていってしまい、やがてなんとも思わなくなってしまう様に、もしくはあまりにも臭い場所に長時間居るとマヒしてしまい何も感じなくなってしまう様に、それに近い事が意識の中で起こっていたのかなと思います。頭の中は常におかしな事を考えていたのに、それが**おかしいと気付けなかったサタン波動の念波に身をまかせ浸っている状態**だったので、霊の接近に気付かなかったんだと思います。自分はどんな時でも常に心は神に向け、慎ましい気持ちでいようと心掛けているつもりですがそれが足りなかったんだと思います。

リラ発声と自然との交流をやめたら攻撃された

ではなぜそうだったんだろうと考えると、理由は2つあると想像しました。1つ目は先週からずっと風邪をひいていました。咳や痰が出てしょうがないので、(もしくは、ここまで咳や痰ばかり激しく出る風邪はひいた事がないので、セラピーの浄化反応である風邪症状だったのかもしれません)、いつもやっている丹田をきたえたり、瞑想リラの練習は休んでいました。ですが山に向かってしているリラだけは、もはや自分の都合だけでは休めない仕事と思ってるのでやってました。ですが正直ダルかったですし、あまりにも治らなくても困るなと思い、12月16日あたりから休んでました。それを休んだとたん意識がほったらかしの状態になり、霊に激しく攻撃されたので、「**リラをしなくなった事**」それと、もしくは「**自然と交流しなくなった事**」が大きな要因かなと思います。

悪想念波動発生装置の存在

2つ目は、あのUFO型ロボットとその類です。これは全てが印象からの想像なので信憑性はありませんが、これは**ある種の想念波動発生装置**なのではないかと思います。対象の人に合わせてあらゆる種類(波長)の攻撃波動を送り、意識を操る(ボーッとさせる、あるいはイライラさせる。もしくはリラ自然音楽を聴こえなくさせる波動もあるのではないかと思います）働きがあるのではないかと思います。これは、体験からこの様に感じる事です。

以上が想像した理由ですが、とにかく邪霊連中はこっちが弱ってると、そこを突いて集中攻撃してくるので、少しも気が抜けないなと思いました。

2 リョウレポート

襲撃する霊の分析と分類、地球アセンションの未来図

――2009年12月19日 提出

近頃は夜攻撃に来る霊もだんだんとしぼられてきた様に思うので、それをまとめてみようと思います。

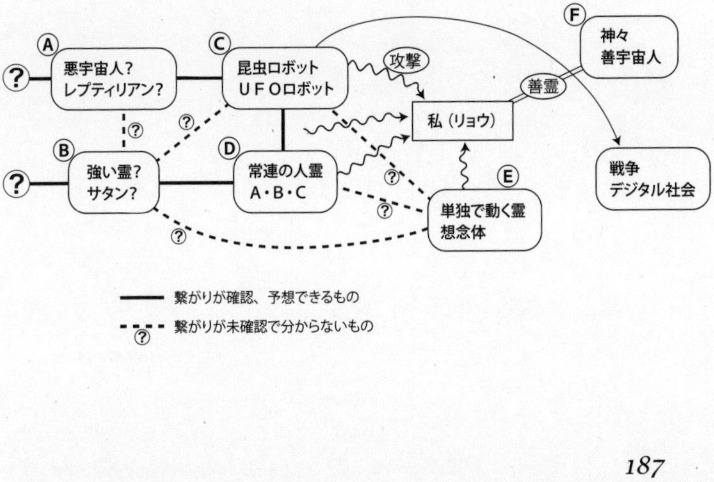

Ⓐ 悪宇宙人？ レプティリアン？

・存在を確認した事はありませんが、おそらく昆虫ロボットやＵＦＯロボットを操っている連中がいるのではないかと予想出来ます。

・他の星あるいは銀河のハイテクノロジーを持った宇宙人でしょうか？

・赤目の一つ目との関連性は？ 長い間地球を支配していた赤目の一つ目の仲間なのでしょうか？ もしくは赤目の一つ目とは全く無関係で、赤目の一つ目が倒れた今、地球を横取りしようと他の銀河からやって来たのでしょうか？

Ⓑ 常連の人霊を統率する強めの霊（サタン？）

・おそらく存在していると思います。

・以前、「絶対お前らの好きにさせない」と強く思った日の夜、強めの霊におそわれた事がありましたが、その霊がこれにあたる存在かもしれません。

・グロテスクな機械を使っていた事からⒶやⒸとも関連し合っているのかもしれません。

Ⓒ 昆虫ロボット、ＵＦＯロボット

・今まで確認してるもの

①クモ ②サソリ ③ＵＦＯロボット

・働きは不明ですが、常連の人霊と共同している様です。想念波動を送り人の心を操ったり、幽体をひきずり出し、装置を付けたりしているのかもしれません。

Ⓓ 常連の人霊

・これは何人いるのか知れませんが、かなり数がしぼられてきた様です。女性の霊におそわれる事はなくなりました。

・中でも12月16日に来た霊は常連中の常連で、どんなヤツかもだいたい分かります。たいてい具現化しては体に密着してグニャグニャを注入してきます。

・今度来たらもっとよく観察してどんな霊が何人くらいいるのか調べてみようと思います。

Ⓔ 単独で動く霊、想念体

・つい最近のセラピーで来た男の霊は始めて見ました。一体何なのか知りませんが、ものすごく怒りの感情エネルギーでした。

・想念体は以前幽体離脱状態になった時、出現し黒い矢の形をして丹田をグサグサ刺してきたので存在していると思います。

・天狗はあの時以来来ていません。まだ神社に居るのでしょうか。

Ⓕ〔神々、善宇宙人〕

・存在を確認した事はありませんが、存在していないはずがありません。

・**目的は地球アセンション**

・これから人類と地球の向かう方向性

人類と自然界の命と命を強く結びつけて心を１つに!!

・**人類はこれから３つのムダを排除するだろうと思います。**

①武器（戦争）　②食事（まずは肉食）　③娯楽施設

これらを地球から一掃します。

①あたりまえの事です。

②まずは肉食を地球上から無くします。さらに人が進化すれば食事すらしなくても生きていける様になるはずです。（冗談ではなしに）すると、全ての生きものは何も食べなくても生きていける様になるはずです。「生きる為に命を奪うこと」この悲しみが消えて、よだかの想いがかなう地球になるはずです。

③あたりまえの事です。

パチンコ、スロット、カラオケ、テレビゲーム、スポーツ等も無くなるかもしれません。この人間社会に存在する「モノ」の全ては元々地球の体です。人間の欲望を満たす為、その楽しみの為だけに地球の命、体を削っていいはずがありません。最低限のモノは必要だとしても、木を切り倒したり、大地を削るとはどういう事なのか？　という事です。

なので、このような文化もなくなると思います。

・**人類はまず心を１つに合わせて、地球や自然界の全てを命がけで守っていかなければなりません。**

その為に**高級自然霊（龍神、天使）とコンタクトがとれる様になる**と思われます。人間は物質界の神の代理なので、物質万物を操り、世界を浄化（神化）していかなければなりませんが、物質（万物）の命は高級自然霊です。なので、どこをどんな風にして地球を物質的にどうしていくかは、人間だけの判断ではなく、高級自然霊との相談のもと行われていくのではないかと思います。

・**この地球の生命の関連性から食物連鎖がなくなります。**今までは植物が光合成をし、有機物を作り、それを草食動物が食べ、それを肉食動物が食べる、といった食物連鎖の地球でしたが、アセンションした地球では、草食動物と肉食動物が等しく力を合わせ、植物を守る。そんな地球になるはずです。ライオンとシマウマが仲良くならんで水を飲み、スズメバチとバッタもお互いがお互いを助け合う様になります。**どんな小さな虫でも、自分の命と等しい様に全ての命が等しいと心で魂から知る様になるからです。**

自分が生きたいと思う様に、全ての命を同様に守りたいと思う様になるはずです。本能から全ての生き物にそれが刻まれるはずです。

・とにかく、**あらゆる命が一つの美しい地球になるはずです。**と、思います。

・これは自分の想像ですが、神々や善宇宙人もおそらく似た様に思っているだろうと思います。

だいぶアバウトになりましたが、以上が最近の攻撃に来る霊のまとめです。この中の詳しいことや何かは、言って頂ければ、そこについてまとめて提出します。

3 リョウレポート

セラピー中に現れる邪霊は最後の選択を迫られている

2009年12月23日　「灰男」（グレーの球体）に襲われる

霊に襲われました。

この日は、夜普通に寝ていたのですが、突然金縛り状態になり、男の霊に襲われました。目を開くと幽界の風景が見え、相手の霊の鼻から下の輪郭が半透明にスケた様になって見えました。アゴは太くも細くもなく普通でしたが、どういう訳か大きさがだいぶ大き目でした。（だいたい長さが30cm位に見えました）。金縛りを解こうともがいていると、しばらくして解けました。目を開き天井を見ると、直径15cm位のグレーの球体が見えました。体の中にグニャグニャが少し侵入していましたが、この霊はデカ唇と違い、意図的にグニャグニャを注入しようとはしていない様でした。

この霊は、ミドリスライムとは別の霊だと思います。今まで来た事がある霊かどうかは分かりませんが、だいたいの霊が持つ特徴や雰囲気は把握したので、「灰男」とあだ名を付けて、今後また現れるかどうか、またセラピー場にも来るかどうか、よく注意していようと思います。

2009年12月26日
なぜセラピー中に襲われるのか、重大な事実の発見と自己の役割の自覚

セラピー中襲いに来る霊についてです。

セラピー中、たまに霊に襲われる事がありますが、そのことについて分かった（確証はありませんが、多分そうかなと思うこと）事があるので報告します。

セラピー中襲った邪霊は100%浄化しているらしい

セラピー中にも関わらず霊に襲われるのはなぜだろうとずっと思っていました。自分を媒介として光を通し、その霊を浄化する為というのが答えだと思いますが、**おそらくセラピー中に出現した霊というのは改悛（あるいは消滅）を迫られた霊**だと感じます。すなわち、（他の人は分かりませんが、**自分の場合に限っては**）**セラピー中今まで来た霊というのはおそらく100%浄化（もしくは消滅）している**のではないかと感じます。そう思う根拠は２つあります。

その後２度と現れない

１つ目ですが、今までセラピー中に出現した霊で（記憶にある限り）**その後襲いにきた霊はいません**。これは２パターン考えられます。①改悛（浄化）した為、②自分にちょっかいを出すのを諦めて離れた場合です。ですが、今までの資料（月刊誌等の）から推察して、セラピーとは何か、何の為に行われるのかを考えた場合、地球規模での浄化進化の為に行われている事なのに、単に個人から離して野放しにするだけとは考えにくいので、①だと思います。

燃え尽きる前のろうそくの炎のような必死の執念がある

２つ目は、自分の体感的な理由になってしまいますが、**セラピー中に出現する霊というのは、凄まじい執念**、ある種のろうそくが消える最後の灯火に近いものを感じるという点です。家で襲われる時とは明らかに違ったものを感じます。そしてそれが、もう決断を迫られたから**最後の最後で全ての執着や感情エネルギーをぶっつけている**といったものに感じるからです。それが２つ目です。

もしこれが本当だとすると、似た事例として、「サービスリラ集会」、「有志リラ集会」がありますが、これらのリラ集会では、サタンがホールに呼び寄せられる事があります。そのサタンは神の光を当てられ、改悛（もしくは消滅）を否応無しに迫られると月刊誌に書いてありました。その時サタンがどの様な反応をするかは実際見た事がないので分かりませんが、抵抗して暴れまわると書いてあったと思います。その感じがまさに、セラピー中に出現する邪霊の暴れようとそっくりなのではないかと思います。

邪霊も神の子、目覚めるか悪あがきか、本人の決断

ここからはさらに想像なのですが、もしも本当にセラピー中、ホールに現れた霊が最後のあがきをして改悛しているとすると、やはり**神や天使の監督の下、行われている**のではないかと思います。これはセラピーなので、当り前といえば当り前かもしれませんが、セラピー中襲われている中、**その襲っている霊から神や天使の向けた愛の様なものを感じる**からです。それは、邪霊からにじみ出ているものですが、邪霊もなぜ襲うのかと言うと、それなりの理由があるからだと思います。その理由は、恨みや妬みや、怒りかもしれませんが、神や天使は愛なので、そんな理由は見抜くはずだと思います。そしてその理由の奥にあるものまでも見抜くのではないかと思います。それはおそらく、どんな理由だったとしても、**奥へ奥へとつきつめていくと愛（神の火花）に行きつく**のではないかと思います。**どんな極悪な邪霊だとしても、微かに小さな神の火花としてそれを持っている**筈だと思います。（人霊なら）そして、神や天使の持つ愛ならばそこに触れ、触発させる事が出来るのではないかと思います。そこの部分に触れられた邪霊は光が当り、その事の自覚を持つかもしれませんが、それはもしかしたらあるいは涙が出る程のものかもしれませんが、ですが、だからといってその理由がチャラになるかというと、そんな簡単な筈もなく、邪霊からしたら、「それは分かった。分かったけど俺のこれ程までの恨みや苦しみは一体どうすればいいんだ」という思い、あるいはもっと低級の霊は、「どうせもうここで最後なら、ヤケクソで徹底的にやってやれ」という思いなんだと思います。だからそれを最後にぶつけるからあれ程の最後の最後のすさまじい、ろうそくの最後の灯火の様になるんじゃないかと思います。

自分の役割〈浄化槽〉役に目覚める

以上は想像ですが、もしこれが本当だとすると、自分の役割は自分がその恨みに直接関係あるのか無いのか分かりませんが、邪霊にそれをぶつけられる役という事になります。実は今まで霊に襲われるのが嫌で、いかに自分でまいた種とは言え、ため息が出る思いだったのですが、ここに気付き（本当かはまだ分かりませんが）**はじめてやりがいや自覚が持てました**。初めてそう思えた気がします。

長くなってしまい、申し訳ありませんが、セラピー中出現した霊で印象に残っているものを事例としていくつかあげます。

① 記憶が正しければ去年の夏頃だったと思いますが、ある男性の霊に集中的に襲われた事がありました。その霊はどうやら強い怒りや恨みがあったらしく、執拗に攻撃してきましたが、やたらと体がゴツゴツしている霊でした。あと、短刀の様なもので攻撃してきました。肉眼では蜃気楼のゆらぎの様な火の玉として見えました。この霊がセラピーに出現したのは、セラピー中３人の霊に次々と襲われた事がありましたが、その中の１人としてでした。何番目に来たかは覚えてませんが、その時も短刀で執拗に最後の灯火の様に攻撃してきました。それ以来は一度も来ていません。

② 装置が取れた時、目のつり上がった30歳位の男に襲われた事がありました。この霊は今思うと、サソリロボットやＵＦＯロボットの系統ではないかと感じます。この霊は例外的ですが、浄化されずに逃げたかもしれません。襲われている時、目を開いて横を見ると、黒いイナズマの様なものがバリバリとなっていて、その塊がギューンと窓の外に飛んでいったか

らです。ですがそれ以来は一度も来ていません。

③ この間、セラピー中に足を執拗に持ち上げてしつこく攻撃して来る霊がいました。この霊は家では1度も来た事がない霊ですが、顔を見てやろうと思ったら、体は普通に見えたのに、顔だけはなぜかモザイクがかかっていて見れませんでした。その次同じ様にされた時は見えましたが、目が少し大きめでギョボッとしていたと思います。25歳程の男性でした。やたらと怒っていましたが、この霊からも最後の執念の様なものを感じました。その後は来た事がありません。

④ デカ唇です。この霊は先週襲いに来て、12月26日のセラピー中にも来て、そこでおそらく浄化されたのではないかと思います。この霊はしょっちゅう家に襲いに来ていた常連ですが、この霊には本当に手こずらされました。大抵体にひっついて来てグニャグニャを注入してくるのですが、グニャグニャを注入してくる霊が一番きついです。そして、この霊はおそらく性癖的に変態でした。こうして文にして書けない事もたくさんしてきて、それが一番辛かったのですが、本当に浄化されてくれて良かったと思いました。ですがまだ分からないのでよく注意していようと思います。

それ以外にも、よく女性の霊に以前襲われていて、セラピー中出現して以降来なくなったものもいます。ですが、その女性の霊にも何人かいて、その区別がよく分からないのではっきりした事は分かりません。今では女性の霊に襲われる事はなくなりました。

また、今現在よく襲いに来る霊で、ミドリスライムがいます。この霊はよく目を開くと、緑色の発光体をとっています。以前、ドラゴンクエストに出てくるスライムが羽を生やして顔に迫って来た事がありましたが、それがこの霊です。またそれとは別の日に襲われて目を開くと、ムンクの叫びの形をしていた霊がいましたが、おそらくは同一人物と思います。この霊も今後よく注意していようと思います。

どうやらセラピーでの霊の出現では、家でもよく襲いにきている霊が呼び出される場合（①、④）と、今まで一度も来た事の無い霊が突然呼び出される場合（②、③）の2パターンある様です。

以上です。長くなってしまい申し訳ありませんでした。「**今までセラピー中に出現した霊はほぼ確実に改悛（あるいは消滅）している、つまりセラピーではその為にあえて霊を呼び出す**」これは、証拠はありませんが、**今までを振り返るとほぼ確実**と言えると思います。どうして今までそこに気付かなかったんだろうと思います。今までセラピーをしていて何体くらいの霊が来たか覚えてませんが、これが本当なら、**そのほぼ全てが浄化されている**事になります。とても気になるので、もしよろしければ今までの報告書やセラピー日誌をいつか見せて頂けるとうれしく思います。それを調べるともっとはっきりした事が分かると思います。

〈山波の注〉

セラピー中に出現した霊はほぼ確実に改悛（あるいは消滅）している、これは正しい事実認識です。セラピー中に霊（邪霊、もしくは迷った霊）が出現するのは、セラピーの妨害のためではなく、何らかの縁があるので引き寄せられるのです。リョウさんのように、日常生活の中でリョウさんに常に妨害行為をしていた縁をもつ邪霊、その他いろいろ過去世、現世での縁を作った霊が時が来れば、またセラピーを受ける本人の浄化の段階がある段階まで来れば、次々にセラピー場に引き寄せられ光を当てられて改悛を迫られます。万一改悛せねば魂が消滅します。例外は別として殆どが改悛いたします。なぜなら、強力な光のせいです。もう一つは、その霊のいわば年貢の納め時が来ているからです。そこまで診断してその霊は呼び出され（引き出され）ています。但し、例外は一部のごく悪質の宇宙人（いわゆるサタン）と、それが作り出しているロボット型の宇宙人系のものです。これは地球人の消滅ないし奴隷化をその目的としているので、消滅してもらわざるを得ません。

2009年12月26日
「赤ん坊グレイ」自分の心の深部から出現

夜寝ている時霊に襲われました

夜寝ている時、金縛り状態となり、霊に襲われました。どうやら金縛りになるのは、霊に幽体をおさえ付けられる為になる様です。暗い脳裏に映る様に、イメージの中にこの霊の映像が見えましたが、赤ん坊の様な宇宙人の様な気味の悪い顔をしていました。

目は緑だったと思います。
本当はもっと宇宙人の様な気味の悪い顔をしていました。

この映像の後には、暗い緑と青が混ざった様なイナズマの様なもの（想念の形？）が見えました。

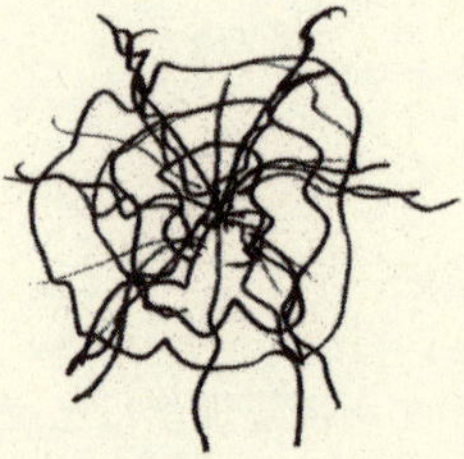

だいたいこんな感じだったと思います。

この霊は今までで初めて出現した霊ですが、どうやら**自分の心の深い部分にしがみ付いていたものが、浮かび上がってきたもの**といった印象を受けました。また、**この霊は半分は霊（想念体）でしたが、もう半分はいつも体に湧きあがってくるグニャグニャとして存在していました。**つまり、心の深い部分に自分で作り出した自念が意識を持ちグニャグニャとして幽体から湧き上がってきたか、心の深い部分にしがみ付いていた（感応していた）他念（霊）

が、グニャグニャとして浮き上がってきたかのどちらかと思います。

なぜこの様な霊が昨日出現したかと言うと、昨日の青木先生のある一言で「そうか」とある事に気付きました。それが要因で、**自分の心の弱点を作っている一つの要素と思われるこの霊が浮き上がってきた**のではないかと感じます。

昨日この霊に襲われている時は半分まどろみの様な意識状態だったので、はたして昨夜のうちに浄化されたのか、またはまだ心にしがみ付いているのか分かりません。なので、「赤ん坊グレイ」とあだ名を付けて今後また現れるかどうか、またセラピーにも出現するかどうかよく注意していようと思います。

2009年12月28日 「灰男」に襲われる

霊に襲われました。(灰男)

夜寝ていると、男性の霊につかまれ金縛りになりました。振りほどき、目を開くと、長径15cm程のグレーの球体が天井付近を飛んでいました。体の中にはグニャグニャが多少入っていましたが、意図的にグニャグニャを注入しようとはしていない様でした。

これらの特徴はこの間来た灰男と一緒なので、この日来たのは灰男かなと思いました。

またこの日は夜寝付く前、霊の感応の様なものがありました。それは「ゴホン」という咳払いや、「グワー」という声等です。霊に襲われなくても、これと全く同じ感応のみが寝つく前のまどろみの時にあるという事もよくあります。昨日もそうでした。それはいつもだいたい感じや声が一緒なので、灰男である可能性が高いなと思いました。

2009年12月31日～2010年1月1日にかけて
次々襲われる、襲った霊を今後探っていく

霊に襲われました。ボヤけていてはっきりとは分かりませんでしたが、感じた印象をそのまま記します。この日はどうやら2人か3人の霊が順々に襲ってきた様に感じました。

まず、寝付く前に男の霊の感応がありました。この霊は灰男かもしれませんし、次に来た別の霊のものかもしれません。

もう少し深い意識に入っていくと、ある男の霊の心（波動）に触れた様でした。この日は弟が帰ってきていて、弟の心を深く探っていたのですが、どうやらその行き付く先にいる霊といった印象でした。弟はまじめなのでそんな霊がついているとは考えにくかったのですが、弟の職場にたずさわる霊で、たちの悪い輩かなと、そんな感じがしました。大柄な霊で、言葉にしにくいのですが、たちが悪くやたらとこっちを敵視している印象でした。

その後寝よう寝ようとしていると、次も男の霊に襲われました。先に感じた霊と同一人物かは分かりませんが、この霊も大柄な男の霊で、もう少し変態じみた印象を受けました。この霊には体に絡みつかれ、左のおしりの辺りにグニャグニャを入れられました。

この日はなかなか寝つけなかったのですが、おおよそこの様な流れで、霊の区別がはっきりとは分からなかったのですが、中盤以

降に来た霊は、この日初めて来た霊でした。序盤、中盤、終盤と来た霊を仮に灰男、たち悪男、変態男として、今後探っていこうと思いました。

2010年1月2日 朝方（9時頃）
「変態男」に襲われる　分析し暴き、浄化につなげる

1月1日に来た変態男に襲われました。

この日はつい朝寝してしまいました。朝寝の時は襲われる確率がグンと上がるので来るかなと思いましたが、案の定、来ました。そしてこの時来たのは明らかに1月1日に来た変態男でした。

やはり大柄で（身長190cm程）だいぶガッシリした体形でした。デカ唇の様に変態的な印象で、この日は明らかに狙ってグニャグニャを注入しようとしている様でした。

金縛りを解こうともがきましたが、かなりの量のグニャグニャを入れられてしまいました。そして左のおしりの辺りには変なものを当てられ、別種のグニャグニャ（もっと強力な感じで、アメーバーの様に自ら動きまわるタイプ）を入れられました。

目覚めると、グニャグニャ（このグニャグニャは、なんとも言えないクサいにおいがしました。しいて言えば、男の人体臭といった感じです。）は、自動的に浄化されていきましたが、量にして5〜10ℓ分位は入れられたと思います。自分のグニャグニャもチャクラから出てくるので、混ざってしまい、全部抜けたかどうかは分かりません。

この霊は「変態男」とあだ名をつけ、はっきりと断定し、**今後ま**

た襲いに来たら積極的に分析して暴いていこうと思います。デカ昏の時もそうでしたが、どうやらそうすることが**セラピーに呼び寄せて浄化する必要条件につながっていく**のではと感じるからです。

2010年1月7日　邪霊との闘い（浄化）は決死の愛と知る

たくさんの霊に襲われました。

この日は夜寝る前から悪想念がたくさん涌いてきました。よく注意していると霊に感応されていると分かったので、しっかり気を引き締めるようにしました。それとこの日は邪霊に対して怒りの様な感情がわいてきてしまい、「命は一つなんだからそれに従え!!」といったことを強く思っていると、天井で「ピシッ」とか「バン」とかラップ音が鳴り、向こうも怒っている様でした。この霊は感じからして、いつも寝ようとすると感応して邪魔してくる「灰男」かなと感じました。

寝る時に「どうしようかな」と悩みましたが、「ヤコブの梯子のリラヴォイス」をかけている近くで「シルバー・バーチの言葉２」も微音でかけて寝てしまいました。このＣＤの使い方はいけないかなと思いましたが、とにかくやってみようと思い、やってしまいました。寝ているとだんだん息苦しくなってきました。２枚同時にかけてみて分かったのですが、**本当にこのＣＤにはレベルの高い神の様な力が込められていて、それだけに遊び半分で使うと、命すらも落としかねない**それ程まですごいものだと分かりました。そしてそれに**対抗する邪霊軍団も本当に決死で、遊び半分やふざけた気持ちでやっていると本当に殺されかねないと、この時**

初めて分かりました。山波先生はそんなことは百も承知だからあれほどの朗読が出来るのかという事も分かりました。自分にはこういう気持ちが欠けていたのかと、この時分かりましたが分かっただけで出来るものでもないので、少しでもそれに近付こうと思いました。

しばらくそれを続けていると、頭にピーンといった感じを受けました。「何だこれは」と思いましたが、気を許していると、次の瞬間には、邪霊に頭頂からギューンと侵入されました。その時の衝撃は、心臓も止まるのではないかと感じる程すさまじいもので、普段体に絡みつかれるのとは衝撃が違いました。数秒ですぐに体から出ていきましたが、起き上がって見てみると、霊が**①カレンダーに化けていました**。2枚同時にCDをかけられたことを相当怒っている様でした。

その後、CDを「ヤコブの梯子のリラヴォイス」だけに戻して寝ていると、しばらくして最近よく来る「変態男」と思われる霊に体に絡みつかれ、グニャグニャを注入されました。ふりほどいて起き上がって見てみると、緑色の発光体が、**②ムンクの叫びの形態**をとっていました。ああ、こいつはよく来るミドリスライムだなと思いましたが、しばらくするとその形が変わり、まるでガンダムの様な白いカクカクした**③ロボット**になりました。それもしばらくすると形が変わり、次は同じ様に白くカクカクした**④飛行船**に変わりました。それもまた形が変わり、今度はスクリーンの様なものが現れ、そこに顔が表れました。その顔は、ガンダム等に出てくる**⑤アニメキャラクター**そのもので、ジッとこちらを見ていましたが、しばらくすると消えてしまいました。そして**⑥2匹のヘビ**の様なものが現れ、天井をグルグルと回っていました。

それが最後で、その後はそのまま寝てしまいましたが、何ともありませんでした。

① カレンダー

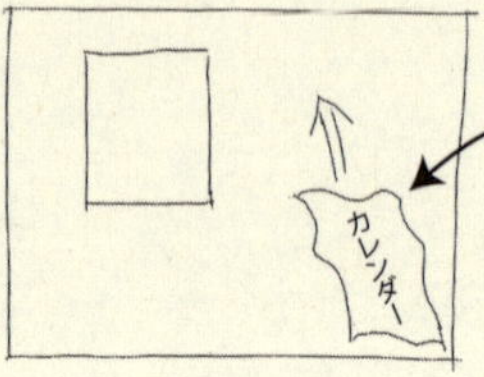

この様に、霊がカレンダーに化けていました。色はうっすらと白く、ゆらゆらとたゆたっていました。しばらく見ていると、スーッと移動して消えてしまいました。

↓

② ムンクの叫びの形態

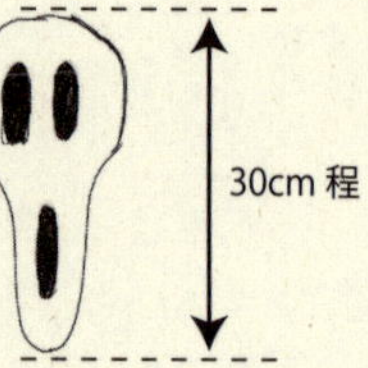

色は緑で、ムンクの叫びの様な形態をとっていました。前よく来ていた「ミドリスライム」とあだ名をつけた霊かなと思いました。

↓

③ ロボット

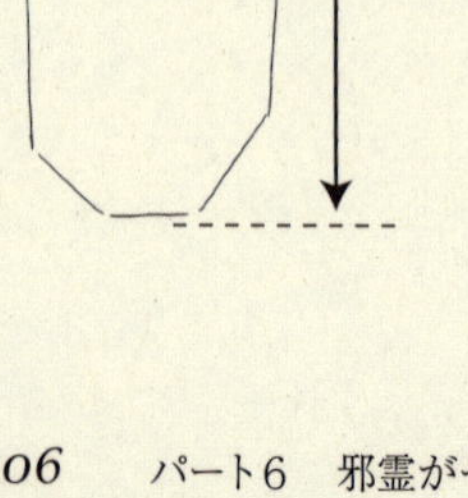

本当はもっとカクカクしていました。色は白で、目などはなく、本当にロボットといった感じでした。高度な機械の様でした。

④ 飛行船

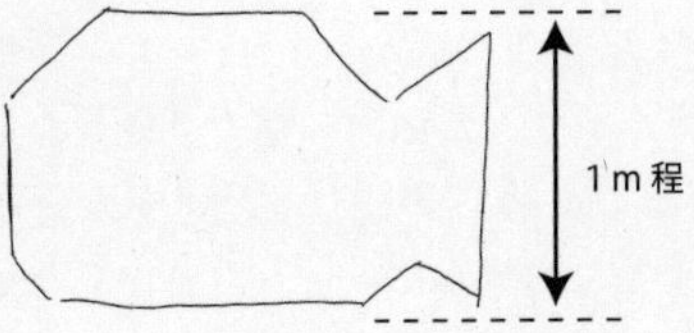

これも実際はもっと複雑な機械の様で、色は白く、飛行船の様でした。

⑤ アニメキャラクター

この飛行船の窓がどこか分かりませんが、しいて言えばそんな感じで、顔はガンダム等のアニメに出てくるものそのもので、怒った風でもなく、普通の表情で、こっちを見下ろしていまいした。

⑥ ２匹のヘビ

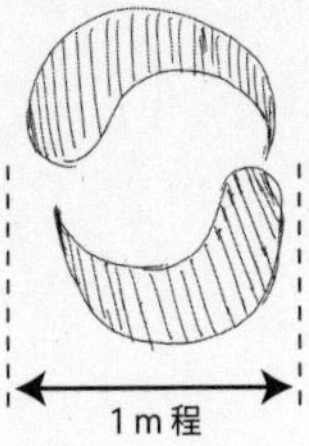

少し前によく来ていた蛇体の様で、天井をグルグルと飛びまわっていました。

2010年1月8日

霊に襲われました。

夜普通に寝ていると、突然男の霊が体に絡みつかれ、グニャグニャを注入されました。大柄でガッシリした体形の霊で、最近よく来る変態男とあだ名をつけた霊だと感じました。だいぶ大量のグニャグニャを注入されてしまった様でした。自力の浄化では全然間に合わない程の量で、次の日リラ研に来るから「助かった」と本当に心から思いました。

エピローグ

2008年6月～2009年12月

- 邪霊の出現のまとめ、感想
- セラピーに引き出された邪霊は浄化された

1 邪霊出現　月別一覧表（2008年6月～2009年12月）

この間は、これまでの私のセラピー日誌及び過去の報告書を見せて頂き、ありがとうございました。それで、思い出して整理してみました。その結果2008年6月から2009年12月までの自宅及びセラピー中における霊の出現を月ごとにまとめてみました。

		2008																			
		6月		7月		8月		9月		10月		11月		12月		1月		2月		3月	
人霊	人																	1			
人霊	男							4		2				1			**1**			1	**1**
人霊	女									1								1			**1**
エネルギー体	蛇															1					
エネルギー体	球																				
エネルギー体	霧																	1			
宇宙・サタン系	サタン													1		1					
宇宙・サタン系	ロボット															1					
	自然霊																				
	その他	1															**1**	1			
	不明			1		2	**1**			1	**1**			2			**1**	2		2	**1**
	計	1		1		2	**1**	4		4	**1**			4		3	**3**	6		3	**3**

人：　人霊で性別が分からなかったものです
男：　人霊の男性です
女：　人霊の女性です
蛇：　エネルギー体タイプの蛇体です
球：　エネルギー体タイプの球体です
霧：　エネルギータイプの霧状のものです

欄の左側が自宅での出現数、右側（網がけ・太字）がセラピー中の出現数です。

この表は一応この様な形でまとめてみましたが、これはまとめていく中で分かった事ですが、非常に曖昧にしかなりませんでした。その理由を以下に記したいと思います。また、まとめていく中で気付いた事、分かった事ありますので合わせて記したいと思います。

2009																		計	
4月		5月		6月		7月		8月		9月		10月		11月		12月		自宅	セラピー
						1		4		1								7	
2		2			**1**			2	**1**	5		7		8		4	**2**	38	**6**
1					**1**			4		2								9	**2**
		1		4		2		1		1								10	
								1		3		2		1				7	
1																		2	
							1			1								3	**1**
										1				1				3	
																1		1	
				1				1		1		1		1		2		9	**1**
2	**1**	5		2	**1**	4		3				3		1		3		33	**6**
6	**1**	8		7	**3**	7	**1**	16	**1**	15		13		12		10	**2**	122	**16**

サタン：　サタンタイプの霊です
ロボット：　ロボットタイプ（昆虫形等）です
自然霊：　自然霊と思われる霊です
その他：　上記のどれにも当てはまらないものです
不明：　どんな霊か分からなかったものです

2009年8月までの記録の大部分が抜け落ちてる点

当然セラピー中の出現に関しては正確なデータですが、家での出現に関しては、2009年8月までのものはかなりアバウトにしか記録していませんでした。実際の数は、全体的に見て表に記してある数の2倍、もしくは3倍にのぼるのではないかと思います。ですが、2009年8月以後の記録は、クンダリーニ報告書をきっかけにきちんとつける様にしたのである程度は正確だと思います。

判断そのものが曖昧である点

霊的存在は、物質と違い判断そのものがしにくいという点があります。例えば「男っぽい」とか「自然霊っぽい」「こんな風に見えた」「こんな感じがした」等、判断そのものが曖昧になってしまいます。その曖昧な判断で断定したものを表の分類に当てはめたので、それがどの程度まで正しいのだろうかといった問題があります。ですが、その様に見えたまま感じたままのものを記入しました。

霊は様々な形態をとるという点

これは上記の内容とも多少重複する内容かもしれませんが、ここが霊の判断や断定を一番難しくしている点と感じます。

『ジュリアの音信』では、ジュリアが一番初め、ミネルバの前に姿を現した時、ピンクの淡い光に見えたと書いてありました。また、記憶が正しければ、A・カーデック『霊の書』だったと思いますが、霊は肉眼で見るとガス状の気体として見えると書いてあったと思います。また、日本の神々は、目的に応じ球体や龍体、人形等、様々な形態をとると、どこかで読みました。

この様に、霊は次元の隔たりやその目的に応じて様々な見え方がしたり、形態をとる様です。そして、それは自分が襲われている現場にも当てはまるという事に気付きました。

人霊の場合

金縛りや幽体離脱状態で人霊《じんれい》（人形の霊）に襲われていて、体に戻ると火の玉（人霊《ひとだま》）が飛んでいるという事はたまにあります。これは、幽体（エーテル界）で人形をとっている人霊を物質次元に近い視点から見ると、この様に見えるという事だと思います。

エネルギー体タイプの霊について

自分は特に2009年、8月頃から11月頃にかけてエネルギー体タイプの霊に襲われました。エネルギー体タイプの霊は、大きく分けると球体、蛇体、霧状のものがあります。球体タイプは主に直径1m程で、グレーと緑の合わさった様な色をしていて、たいてい顔の辺りにおおいがかぶさってきて、幽体を引き上げようとしてきます。霧状のものは、色は黒で本当に霧という感じで、たいてい丹田やミゾオチの辺りをグリグリとやって攻撃したり、侵入しようとしたりしてきます。

（注）ここでリョウさんがエネルギー体タイプと言っている霊は、写真にも撮れることがあります。事実、龍体、蛇体、黒い霧状、球体をした霊が明晰に撮影されている写真がリラ研に色々あります。写真に写るということは、これらは客観的存在と言えるのではないでしょうか。

蛇体はどうやら本来蛇体のものと、人霊等が蛇体をとってるものの2パターンあるようです。もしくは黒い霧状のものが濃度を密集させたものが蛇体なのかもしれません。

しかし、そもそもこれらが一体何なのかという事は全く分かりません。昆虫形ロボットかもしれませんし、サタンかもしれませんし、人霊がこの様な形態をとっているのかもしれません。そもそもがこの形しかとらない霊的存在なのかもしれませんし、物質次元を離れ、エーテル界や幽界から見ると別の形態（人形等）をとっているのかもしれません。ですが、この形態が都合がいいのかこの形態しかとれないのか、この形態で攻撃してきます。

この様なことから、例えば男の人霊が蛇体の様な形態をとっているのをエネルギー体の蛇体と勘違いしてその様に判断したり、もしくは蛇体の形態を最初にとっていた人霊がその後、人霊として襲いに来たのをエネルギー体タイプの蛇体１体と人霊の２体が来たと勘違いしてその様に判断したりといった事が結構あるのではないかと思います。ですが、この表にはそこの所は一切考慮せず、その様に見えたまま記入しました。そこの所が最も大きなポイントと感じました。

ここまで考えて分かった事ですが、つきつめると、どんな霊でも個性を持った意識体であることに変わりないと思うので、霊の外観というのはマジシャンのトリック（演出）の様なものなのではないかと思いました。なのでその本質を見抜いていく事（種をあばく事）こそ重要なのではないかと感じました。

郵便はがき

料金受取人払郵便

鎌倉局
承　認
6170

差出有効期間
2025年6月
30日まで
（切手不要）

248-8790

神奈川県鎌倉市由比ガ浜4-4-11

一般財団法人 山波言太郎総合文化財団
でくのぼう出版
読者カード係

読者アンケート

どうぞお声をお聞かせください（切手不要です）

書　名	お買い求めくださった本のタイトル
購入店	お買い求めくださった書店名
ご感想 ご要望	読後の感想 どうしてこの本を？ どんな本が読みたいですか？ 等々、何でもどうぞ！

ご注文もどうぞ（送料無料で、すぐに発送します） 裏面をご覧ください

ご注文もどうぞ

送料無料、代金後払いで、すぐにお送りします！

書　名	冊数

ふりがな	
お名前	
ご住所 （お届け先）	〒 郵便番号もお願いします
電話番号	ご記入がないと発送できません

〈 ご記入いただいた個人情報は厳重に管理し、
ご案内や商品の発送以外の目的で使用することはありません。 〉

今後、新刊などのご案内をお送りしてもいいですか？

はい・いりません

マルしてね!

サタンタイプと昆虫形ロボットの関連性

サタンタイプ

サタンタイプの霊とは、形はかろうじて人形をとっていますが、半分ロボットの様であり、性別の判断もつかず恐ろしく凶悪な霊のことです。攻撃性が前面に出ていて、知性や感情がどの程度あるかも分かりません。以前、幽体離脱に近い状態になり、このサタンタイプに頭等をガチガチかじられ攻撃された事があります。(サタンタイプはたいてい頭や腕をガチガチかじるか、頭頂から変な息をハァーッと入れるかして攻撃してきます)「いい加減にしろ」という思いで（幽体の）手で相手の口の辺りをさっとはらうと、歯がまるで入れ歯か金属製の部品の様にカチャンと外れ、ふっとんでいきました。にも関わらず、その霊は入れ歯の取れた様な状態で気にせずガチガチ噛みつづけていました。「ジョジョの奇妙な冒険」という漫画がありますが、その漫画にスタンドという人の持つ念霊の様なものが出てきます。見た目や形はこれにそっくりではないかと思います。

昆虫ロボット

今までクモとサソリしか見た事はありませんが、複雑な機械で出来た昆虫の形をしたロボットです。見た感じでは現在の地球の科学では到底造れない様な高度なものに見えました。これ以外にも、ＵＦＯ型ロボットとガンダムの様なもの、飛行船の形をしたものを見た事がありますが、同じ系統かどうかは分かりません。この間来たガンダムと飛行船は、クモやサソリとは若干違った印象は受けました。ですが、科学力の高度さは似た様なものだと思います。

2009年1月12日
この日は夜、サタンタイプの霊に襲われ、目を覚ますと顔の横にクモロボットがいました。

2009年9月18日
この日も、夜サタンタイプに襲われ、目を覚ますとこの日はサソリロボットが天井にいました。

つまり、どうやらサタンタイプと昆虫ロボットは連動して動いている様です。これには大きく2パターン考えられると思います。

①サタンタイプが昆虫ロボットそのものである場合。人霊に当てはめて考えると、幽界で人霊がとる人の形態にあたるのがサタンタイプの霊で、物質世界で人霊のとる火の玉（人霊《ひとだま》）にあたるものが、サタンタイプにとっての昆虫ロボットであるというパターンです。
②サタンタイプと昆虫ロボットは別々である場合。

この場合で考えると、昆虫ロボットの操る傀儡の様な存在がサタンタイプなのではないかと感じます。昆虫ロボットの方が知的な印象を受けるからです。ですが、実際はどうか分かりません。

2010年1月7日は、一夜のうちに様々なタイプの霊に襲われました。まずカレンダーに化けてた凶悪な霊に襲われ、その後変態男に襲われ、目を開けると様々な映像が移り変わっていきました。まず緑に発光したムンクの叫び → ガンダムの様なロボット → 飛行船 → スクリーンが現れ、人の顔が映る → 2体の蛇体、といった感じでした。この例からも昆虫形ロボットとサタンタイプのみに限らず、様々なタイプの霊がフォーメーションを組んで攻撃しているという事は考えられるのかなと思いました。

月ごとの霊の移り変わりと「決断」の効果

2008年6月～8月頃までは今思い返すと、今現在襲いにきている霊とは比べものにならない程、凶悪で様々なタイプの霊に毎晩の様に襲われていたのではないかと感じます。ですが、当時はそれがあまりハッキリと分かりませんでした。それは、幽体が今よりも全然にごっていたからではないかと感じます。例えば、透明な水に絵の具を垂らせばその色が判断できますが、濁ったドロ水に垂らしても色の判断がつきません。水を幽体、絵の具を邪霊にすると、ちょうど同じ事が言えるのではないかと感じました。

2008年9月頃、**ある1つの決断をしました。それは携帯からのインターネット接続を遮断することです。**当時は携帯から○チャンネルや自殺サイトといった様な低級なホームページを見ることを1つの楽しみとしていました。ですが、それはいけないんじゃないかとこの頃思う様になり、この決断をしました。すると、**接続を切ったとたん、色々な凶悪な霊に続々と襲われました。**それは主にヤクザの様なタチの悪い男の霊でした。

その後は様々な霊に襲われ続けましたが、、強く印象に残っているのは、2009年4月～5月頃にかけて、黒魔術師の様な霊に集中して襲われた事です。この霊は人霊とサタンタイプの中間の様な霊で､呪文の様なものを唱えていたり､襲われて起きると壁に「殺」と書いた紙が貼ってあったりしました。攻撃力が強く、ものすごく辛かったのを覚えています。

この頃は、ちょうど同じ頃『神智学大要』という本を集中して読んでいました。この本は、神智学の名著という事で、参考のつもりで読んでいました。しかし、書いてある内容とは関係無しに、嫌な違和感を読んでいる最中感じていました。その違和感と黒魔術師が関係あるのかどうか分かりませんが、念の為、報告します。

その攻撃があまりにも激しく辛いものだったので、また一つ決断をしました。それは、リラのレベルがある程度まで上がるまで、リラ研関連以外の本を読むのを止める、ＣＤも聴かない、楽器も止める、というものでした。音楽と読書が趣味だったので、これもかなり勇気がいる事だったのですが、そうしたのには理由があります。それはこの頃、特にリラ研関連以外の本を読んだり、ギターで曲を弾いたりすると、違和感を感じてしまうというものでした。本は『神智学大要』の様な一見低級とは思えない様なものを読んでいましたし、ギター曲もデスメタルやハードコアの様なものではなく、クラシックや久石譲、押尾コータロー等といった、どちらかというとリラ自然音楽に近そうなものを弾いていました。ですがネオ・スピリチュアリズムやリラ自然音楽とは基になる感覚が正直全く違うと感じていましたし、リラ研以外の本を読んだり、曲を弾いたりする時は、感覚をそっちの場所に持っていってリラ研関連の本を読んだり、リラ自然音楽を聴いたりする時はまた感覚を戻したりと、感覚を行ったり来たりさせるのがどうしようもなく気持ち悪く感じていました。そしてその様な気持ち悪さを感じる日というのは、邪霊に襲われる率が極めて高かった様に思います。なので、**もうこうなったらリラ研一本に絞ろうという事でそうする事にしました。**

するとそうした途端に巻き戻し現象と思われる事があり、体から

大量の邪気が抜けました。そして巻き戻し現象があったちょうどその日の夜、また黒魔術師に襲われました。その時、黒魔術師がものすごくくやしそうにしていたのを印象的に覚えています。

その後も、様々な霊に襲われ続けましたが、だんだんエネルギー体タイプの霊にも襲われる様になってきた気がします。

2009年7月5日、装置が取れると、体中からグニャグニャが抜ける様になり、それまでよりも、もう少しクリアーに襲いに来る霊の存在がつかめる様になった気がします。

その後も様々な霊に襲われ続けましたが、徐々にその種類が絞られてきて、11月頃にはエネルギー体タイプの霊に襲われる事はなくなりました。12月には数がだいぶ絞られ、**今ではだいたいどんな霊がどういうパターンで攻撃してくるかだいたい分かる様になりました。**

おおよそこの様な流れで襲いに来る霊は移り変わっていきました。

2 セラピーに出現した邪霊は浄化された

セラピー中に現れた霊が浄化されたことの信憑性

そもそも、今回過去の日誌と報告書を見せて頂きたいとお願いした理由はここにありました。過去の記録をあらいざらい調べれば、今まで襲いに来ていたどの霊がいつのセラピー中に現れ、それ以後は本当に来なくなったか分かると思ったからです。しかし、記録が思ったよりも曖昧で複雑だった為、それがよく分かりませんでした。ですが、3例ほぼ確実にそうと思われるものがありましたので、それを記します。

1、ドス男

2009年2月8日のセラピーに出現し、それ以後は現れてません。それまでは、ちょくちょく襲いに来ていた男性の人霊です。怒りの感情がすさまじく、体がやたらゴツゴツした霊で、ドスの様なもので攻撃してくる霊でした。以前の報告書では、2008年8月頃のセラピーに出現したと書きましたが、それは記憶違いでした。こっちが本当でした。

2、デカ唇

この霊の存在を始めて明確にとらえたのは、2009年11月頃だったと思います。その後はちょくちょくと現れ、特にグニャグニャを注入してくるタイプだったので、とても嫌悪していました。ですが、2009年12月19日のセラピーに出現し、それ以後は今まで一度も現れていません。

3、変態男

この霊は、今年（2010年）に入る大晦日の日に初めて来た霊です。デカ唇と同じくグニャグニャを注入してくる変態的な霊でした。この霊に関してはその後何日に現れいつのセラピーで浄化されたかまで全て記録してあります。まず、1月2日の朝方現れ、体に絡みつかれグニャグニャを注入されました。左のおしりの辺りには、特に強力なグニャグニャを入れられました。その後1月7日、様々な霊に集中して襲われたその中の1人としてまた現れました。1月8日にも現れ、同じくグニャグニャを注入してきました。そして1月10日の日、セラピー中に出現し、またグニャグニャを注入し、浄化されたと思います。それ以後は来ていません。

この3例以外にも記憶は薄いのですがこんな例があります。いつだかは覚えてませんが、

セラピーを受ける前日、半分サタン化した人霊に襲われた事がありました。そしてその次の日のセラピーに同じ霊が出現し、かなり激しく攻撃されたのですが、それ以後はピタリと来なくなりました。また、賢治祭のあった日のセラピーにもそれまでちょくちょく来ていたと思われる霊が出現しましたが、それ以後はピタリと来なくなりました。

逆にセラピー中に出現した霊にその後また襲われたという事が記憶にある限り一度もないので、やはりこれは信憑性が高いのではないかと感じます。

霊の浄化について思うこと

今まで様々な霊に襲われてきて、そして、浄化と思われる現場も見てきて、分かった事があります。それは、**霊はその存在を明確にしていく事こそ浄化につながる**のではないかという事です。例えば、一番初めに来た時はその存在がボヤけていても、何度も同じ霊に襲われていく中で、「この霊は男性だ」とか「こんな性格だ」とか、「こんな特徴を持ってる」等その存在をハッキリさせていく事が浄化につながり、さらにそれを報告書としてまとめて、リ

ラ研に提出すれば、その効果が何倍にもなるのではないかと最近感じる様になりました。例えばそれは、**人の心というドロ沼の中に巣くう邪霊を、白日の太陽の元に引きずり出し、光を当てていく様なこと**なのではないかと感じます。

ですが、自分の力で邪霊の浄化をしているとはもちろん思っていません。当然神々や、高級な神霊方の力が浄化に結びついているのだと思います。

しかし、これは否応無しにそうなってしまったのかもしれませんが、暗闇の奥深くに居る邪霊を光の方向に**引き出す繋ぎの役（パイプ役）**の様なことをやらせて頂いているのかなとは少し思います。むしろ、最近はこれは自分の仕事と思って、責任を持ってきちんとやらせて頂こうと思う様になりました。なので、今後は次の様な事に注意していこうと思います。

・来た霊はなるべく正確に観察、分析し、性別や身体的特徴、性格等をなるべく明格にする様にする。
・それが判断出来た霊はあだ名をつけて今後の出現状況、霊の変化をよく注意する様にする。
・霊の外観ではなく中身（本質）をよく見る様にする。

反省

最近、ふいに、これは反省しなければならないと思う事がある事に気付きました。それは、何かあるとすぐに邪霊のせいにする事が多くなっていたという事です。例えば、少し悪感情がわいてくると「きっとこんな霊が感応しているせいだ」と思ったり、少し人間関係が上手くいかないと「きっとこんな霊が邪魔してるせいだ」と思ったり、「だからはやくこいつらを引きずり出して浄化しなければ」と、そんな事ばかり考えていたと思います。

根本の原因は、自分で自分に造った幽体の黒いシミにあるという事をすっかり忘れていました。山波先生が著書に書いていた「火事の時、火元ではなく警報ベルに向かってホースで水をかける行為」に等しい事をしていたと思います。なので、そこの所はしっかりと忘れない様にしていこうと思いました。

補注として　── あとがき ──

本書の内容について信憑性を疑う方もあるかもしれません。例えば、霊の存在を認めない方には、本書の全体がデタラメか妄想にしか見えないでしょう。そこで、もう一度しっかり念を押しておきます。涼さんは現実の日常生活では、通常の良識をもった健康な青年です。どうか、フランクでフェアな目で本書をお読みになることをおすすめします。また、霊を認めるスピリチュアリストの方々にとっても、本書に出てくる様々な人霊以外の霊的存在等、あるいは人間の幽体やエーテル体に付けられる装置とか悪想念発生装置（ロボット）とか……。ここでつまづいたり不審をもったりされるかもしれません。どうか、こちらの方々もフランクなフェアな目で本書をご覧になって下さいますように。

涼さんが 2008 年 5 月から始めた「リラ自然音楽セラピー」は、幽体浄化を主軸にした全人間的改善進化を目的としたセラピーです。ですから邪気の浄化がセラピーの中心に行われています。実際サタンが人間につけた様々な装置の解除も行われています。セラピー現象として、本書の涼さんよりもっと具体的にセラピー中に装置解除を体験している人もいます。

このリラ自然音楽セラピーは、山波言太郎（桑原啓善）のネオ・スピリチュアリズム理論の実践から実現した、霊性時代をひらくための人間浄化と進化のための療法《セラピー》です。山波言太郎のネオ・スピリチュアリズム理論とは、近代心霊研究に立脚した「人は神の子、愛と奉仕が平和と幸福の原理」という新人類創生のための人生指導原理を理論体系化したものです。その理論の中でも「媒体論」が人間の進化を現実化し具体的に進める上で重要なポイントになっています。このネオ・スピリチュアリズムから見れば、本書の内容は、現在進行中の霊的事実を裏付ける有力な資料と認められます。参考に、ネオ・スピリチュアリズムの人間観、世界観を端的に示す図を、下に掲載しておきます。

編集者（熊谷えり子）記

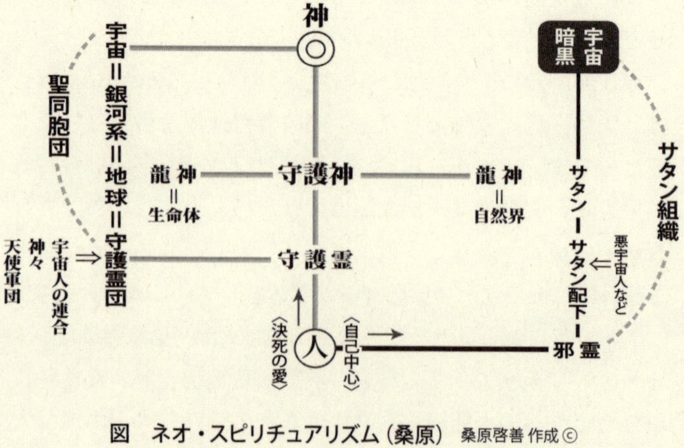

図　ネオ・スピリチュアリズム（桑原）　桑原啓善 作成©

ボクの霊体験日記

2010年 4月20日 初版 第1刷 発行

著 者 石上《いしがみ》 涼《りょう》

装幀者 桑原香菜子

発行者 熊谷えり子

発行所 でくのぼう出版
神奈川県鎌倉市由比ガ浜 4-4-11
電話 0467-25-7707
ホームページ http://www.dekunobou.co.jp/

発売元 株式会社星雲社
東京都文京区大塚 3-21-10
電話 03-3947-1021

印刷所 昭和情報プロセス株式会社

ISBN978-4-434-14433-2

書籍　桑原啓善のネオ・スピリチュアリズム

〈ネオ・スピリチュアリズム講座〉 デクノボー革命〈上巻〉	桑原啓善 著 ￥1,529（税込）　239頁
〈ネオ・スピリチュアリズム講座〉 デクノボー革命〈下巻〉	桑原啓善 著 ￥2,039（税込）　288頁
デクノボー革命の軌跡 第1巻／リラ自然音楽のスピリチュアルな意味	山波言太郎 著 ￥1,260（税込）128頁
デクノボー革命の軌跡 第2巻／神から出て神に帰る、その人間の歴史	山波言太郎 著 ￥1,365（税込）200頁
デクノボー革命の軌跡 第3巻／おー大変が来る、歌マジックがある	山波言太郎 著 ￥1,365（税込）232頁
日本神霊主義聴聞録 スピリチュアルな生き方原典	桑原啓善 筆録　脇 長生 講述 ￥1,365（税込）　264頁
心霊科学からスピリチュアリズムへ 神霊主義	桑原啓善 監修　浅野和三郎 著 ￥1,365（税込）　272頁

書籍　桑原啓善の翻訳本

ホワイト・イーグル 天使と妖精	桑原啓善 訳 ￥1,000（税込）　208頁
ホワイト・イーグル 自己を癒す道	桑原啓善 訳 ￥1,000（税込）　242頁
ホワイト・イーグル 神への帰還	桑原啓善 訳 ￥1,260（税込）　144頁
ホワイト・イーグル 秘儀への道	桑原啓善 訳 ￥1,529（税込）　220頁
ホワイト・イーグル 光への道	桑原啓善 訳 ￥1,427（税込）　208頁
ホワイト・イーグルの教え アメリカ大陸の太陽人たち	桑原啓善 監訳／加藤 明 訳 グレース・クック 著 ￥1,365（税込）　256頁
シルバー・バーチに聞く	桑原啓善 編著 ￥1,020（税込）　160頁
ワードの 「死後の世界」	桑原啓善 編著　J.S.M.ワード 原著 ￥1,000（税込）　220頁
ジュリアの音信	桑原啓善 抄訳　W.T.ステッド 著 ￥805（税込）　136頁
ジュリアの音信　人は死なない（絵本）	桑原啓善 作　W.T.ステッド 原著 青木 香・加実 絵 ￥1,470（税込）　48頁
人間の生き方 THE WAY OF LIFE	桑原啓善 訳　A.フィンドレー 著 ￥1,529（税込）　316頁